U0164888

《延安尋真：晚期社會主義的文化政治》
　　胡嘉明 著
　　廖彥喬、童祁 譯

© 香港中文大學 2018

國際統一書號 (ISBN)：978-962-996-674-4

本書根據 University of Illinois Press 2015 年出版之 *Reinventing Chinese Tradition：
The Cultural Politics of Late Socialism* 翻譯而成。

出版：中文大學出版社
　　　香港 新界 沙田・香港中文大學
　　　傳真：+852 2603 7355
　　　電郵：cup@cuhk.edu.hk
　　　網址：www.chineseupress.com

Reinventing Chinese Tradition: The Cultural Politics of Late Socialism (in Chinese)
By Ka-Ming Wu
Translated by Yanqiao Liao, Qi Tong

© The Chinese University of Hong Kong 2018
All Rights Reserved.

ISBN: 978-962-996-674-4

©2015 by the Board of Trustees of the University of Illionis
Reprinted by arrangement with the University of Illinois Press
Complex Chinese copyright The Chinese University Press

Published by The Chinese University Press
　　　　　The Chinese University of Hong Kong
　　　　　Sha Tin, N.T., Hong Kong
　　　　　Fax: +852 2603 7355
　　　　　Email: cup@cuhk.edu.hk
　　　　　Website: www.chineseupress.com

Printed in Hong Kong

延安尋真

晚期社會主義的文化政治

胡嘉明 著

廖彥喬、童祁 譯

中文大學出版社

目　錄

插圖目錄

前　言

　　一個香港人如何書寫延安？我出生於香港，母語為粵語，上基督教中學時學習英語。2000年我去美國修讀博士，認識來自於中國大陸的學生，在此之前我從未學過或用過普通話。在紐約狂啃了三年西方人類學理論後，我於2003年第一次踏足延安的黃土地，在土窰洞用瞥腳的普通話跟老鄉「拉話」(聊天的意思)時，陝北話一句也聽不懂！冬天老鄉們一天只吃兩頓飯，我翻山越嶺四出訪談經常餓得肚子咕咕響；每天上露天茅坑，無法不正視糞蟲翻滾；每餐面對土豆饅頭醮白菜，只能咬牙下嚥；晚上睡在炕上，冷得要穿四條褲子保溫；還有每周一次長途跋涉到城裏的洗澡儀式。文化大震盪一段好長時間，我才開始細想靜觀田野。

　　陝北人民對我恩重如山，目不識丁的村民對一個陌生的香港學生照顧有加，農村的方家和城里的范家更待我如家人，了解我是做研究之後，二話不說給我鋪床做飯，我生病時對我關愛有加，沒有他們的支持照料就沒有本研究。提筆寫書時，我額外小心，到底如

何呈現這片土地和人？在中港諸多矛盾誤解的時代，我如何才能破除定型、又提出嚴謹的研究結果？

反思自己的成長經驗，可能有助於讀者理解我的出發點。沒有到大陸開展研究前，我可能與大部分本地年輕人一樣，覺得香港是一個國際大都會，比大陸先進自由。事實上，殖民時期長大的我，總記得小時候每逢農曆新年，我們要帶著電風扇、電視機及二手衣物，跨越中港邊境，探望父親在廣東物質欠缺的親戚。1989年也讓我對中國部分面貌，留下了深深的烙印。一直到我讀研的時候，丈夫為非政府環保組織工作，移居內地，我開始探訪中國不同城市，認識了眾多優秀的學生老師和官員，他們除了熟稔西方理論，還對中國的民主民生問題有深刻的省思，並非港人眼中缺乏自由開放媒體和獨立思考的順民。抵達延安後，我進一步接觸北京上海大都會外的中國：農村人口眾多、資源匱乏、嚴重的城鄉斷裂、族群宗教分歧隱患不少。我開始意識到中國問題的複雜性，雷同把歐盟多國的政治文化經濟差異和宗教難民挑戰共冶一爐。我赫然發現，田野研究於我只是一個生活小體驗，如何破除自己一直以來以的殖民城邦眼光看世界，如何超越只以西方理論看中國，並且要書寫複雜多層的田野現實和權力關係，這才是真正的挑戰。研究任務變得無比沉重，艱難重重。好多次我差点放棄，只是想到延安香港北京西安紐約鄉親友人多年的支持指點，我咬緊牙關。

我逐漸融入陝北生活勞動，抓著每一個訪談機會，我很快扔掉原來的題目，發現作為革命聖地的延安，充斥著民間傳統的話語和實踐。一方面，民間祭神儀式與傳統的復興似乎訴説一個非政治

化、古老的鄉土文化中國；另一方面，快速的商業城鎮發展似又揭示鄉土的隨時消逝。慢慢地，我探討傳統話語和實踐如何成為當代國家利益、農村社會、新資本價值和地方政府宣傳的交會之處。作為中共革命的搖籃，又因為毛澤東在此發表了關於文藝要服務群眾聽命於黨的講話，延安集合了不同歷史時期的國家民族對傳統的想望、社會主義對現代性的追求，及知識分子想像文化中國的一個獨特的地方。本書是我第一本的研究專著，除了田野調查，深入訪談，我也用了很多歷史檔案、民俗地方誌做相互文本分析，我謙卑的希望能呈現在此歷史空間裏，國家、資本和民間傳統的力量如何交織博弈，也希望讀者能讀出一個非主流論述的延安。

書稿終於出版，但距離研究時間已過十年，緩慢的學術成果與激變的中國形成強烈對比。當年待過的陝北農村，改頭換面，迎來了翻天覆地的變化。招待我的農民方家夫婦，兒女成人，負擔減輕，生活好轉，原來的農地最近發展為一個集合紅色旅遊的劇場商場廣場空間，農民不但從窯洞搬到樓房居住，也開始進入一個全新的資本空間和消費時代。期待他們有機會讀到我的文字時，會認同我紀錄了近年西北地區快速的城鎮化，資本大規模進入農村和爭奪傳統話語的詮釋。

黃土高原的變化並不孤單，事實上，中國大陸這十幾年的改變巨大。農民負擔和發展矛盾稍微緩解，城市中產階級冒起，基礎設施日漸完善，政府職能日益強調公共服務，致力解決分配不均，人口和資本流動加速了創新，微信、京東、滴滴、支付寶、順豐開始解決以往城鄉資訊物流斷裂問題。諸多政治經濟結構性問題雖沒有

一下改變，民主自由度也並不理想，環境問題惡化等都是現實，但是生活水平的提高卻是很多普通老百姓享受到的。前幾年方家夫婦到香港旅遊，讓我頗感意外，我住在他們窯洞家裏時還沒有自來水，經濟落後的農村受訪者怎麼也旅遊起來了？人類學家以為自己才有流動資本這種神話在中國注定破滅。

再看香港，黃金時代一去不復返，工資停滯不前，殖民政府留下來的地產霸權卻綁架整個城市發展，物價騰飛，開發商銷售十幾平米的「納米房」要價幾百萬元臉不紅耳不熱，在這資本家金融精英的天堂，普通市民只好在供應緊張的公共房屋醫療制度下競逐資源，叫苦連天。一個台灣老師前兩年來香港任教，目睹不少基層工人站在便利店裏啃麵包解決午餐、為了減輕車費負擔晚上睡在麥當勞等現象後，慨嘆跟我說：「香港人在這個地獄裡，看到大陸政府和遊客，終於找到魔鬼了。」

確實，後殖民香港社會制度千瘡百孔，高昂的房價物價讓普通市民早就負擔沈重，一國兩制帶來大量的人口資本流動，如同壓在駱駝背上的最後一根稻草，結果是消極對罵，惡言相向，本土主義乘勢而起。但大部份港人繼續沿用殖民城邦看中國的陋習，對中國大陸的內部差異和進步不聞不問，只加劇港人看大陸人不順眼，加深對中國政府的不信任。雨傘運動在此情緒下展開又落幕，普選無望，民主民生改革失諸交臂，回歸二十年中港越走越遠，人心與祖國認同背道而馳，我無奈嘆息。歷史洪流把我等香港學人置放大陸，我誠惶誠恐，希望能忠於現實，了解知識對象的同時亦反躬自身，期盼讀者能讀到一本對自身解殖亦具有批判意識的中國民族誌。

　　我衷心感謝中國大陸的朋友，尤其是陝北眾多老鄉對我多年的信任照顧，使得本研究順利完成，特別鳴謝照顧我起居飲食的莫家溝方家、延安城范家、延川馮家，還有延安的老鄉張春生、李鳳英、張莉、張軍、張紅、張琴、張靜、李宏瑋夫婦、李甜甜、史貴蓮、侯建強一家、侯蓉蓉、徐文治一家；延安市的朋友樊振華、徐曉萍、樊星、班良，延安市藝術家宋儒新、張永革，安塞文化館的文藝工作者孫勝利，安塞農民藝術家侯雪昭、郝桂珍；延川藝術家馮山雲、黑建國、劉潔瓊、馮彩琴、馮奮一家；延安學者藝術家曹培植、曹培炎；另外，西安的班理女士、北京的楊聖敏教授、中央美術學院的靳之林教授、清華大學的郭于華教授、作家陳冠中和于奇老師都給予我很多的生活上的幫助和知識上的啟發。

　　本書是英語專著的中文版，翻譯過程中我重寫了許多，特別感謝兩位譯者童祁和廖彥喬，把原來累贅彆扭的英文原著變成較為通順易讀的中文書。特別感謝我的研究助理陳文彥，過去幾年在中英文兩個稿子幫忙許多。當然要感謝香港中文大學出版社，多謝他們相信這本書的價值。另外特別感謝教導過我的香港和美國老師，也要感謝香港理工大學應用社會學系和香港中文大學文化與宗教學系的同事。哥倫比亞大學和紐約的好友，尤其是閨蜜劉瑜、張恩華，還有我後來的幾位研究生都陪伴我度過漫長又痛苦的讀書寫作生涯。

　　最後，我的父母胡廣潤、趙玉斯和公婆盧中全、張禮雯都是出身基層的勞動人民，他們默默無言給我做飯帶孩子，付出大愛成就我的學術事業，我感激萬分，無以為報，銘記在心。我的丈夫盧思騁是一位傳奇人物，熬夜工作奔波受壓都想著如何解決生態危機，

思考世界如何變得更平等，他會在百忙之中抽空批改我的文章，還嘮叨我的中英語水平低，批評我理論根底不夠、分析不到位。我感謝這位愛人同志，你的理想抱負和批評一直在推動我的研究和思考。

緒　論

2004年2月3日，在陝西省延安市地方政府的組織下，200位攝影師搭乘早上8點整的巴士，前往北部的山丘，觀賞一場腰鼓表演，並展開攝影比賽。腰鼓是一種鼓、舞結合的民間藝術，源自於節慶舞蹈，最早可追溯至公元四世紀。這些攝影師氣喘吁吁地在黃土坡上跋涉半個小時，終於抵達氣溫為零下一度且空氣稀薄的山頂。此時100位身穿紅衣、頭戴羊肚巾（白色手巾）的腰鼓手早已排成亮眼的隊伍。當陽光照亮四周山脊，鼓手馬上整齊劃一舉起手來拍打羊皮鼓面，莊嚴的鼓聲傳遍整座山丘，雷鳴般迴響於山谷之中。每個表演者的左腹皆斜斜繫了一隻鼓，他們邊打鼓邊盡情扭動身體，時而向空中踢腿並同時將紅綢帶向上甩。攝影師們沒有單純站着享受這場出色的表演和熱鬧的氣氛，大家蜂擁而上，用鏡頭捕捉精彩的每一秒。令人摒息的表演進行約三分鐘後，沒人留意到鼓手正緩緩走下山坡，朝着攝影師的方向移動，沒多久一陣飛沙揚起，撒落在前排的攝影師身上，一瞬間有人仰面倒地，有人急忙逃

竄以保護昂貴的鏡頭。而就在一陣尖叫吵鬧聲中，文化局的官員們一邊大喊「停」，一邊挺身矗立在兩組人馬之間，這場壯觀的民俗表演被迫劃下句點。

這場由延安市安塞縣政府安排的表演，不是為了供遊客觀賞，而是藉助民間文化傳統和優美的風土景色，宣傳、推廣延安這個當代中國的革命聖地——中國共產黨在1937年至1947年間成立陝甘寧邊區政府，曾以延安為首府。參加盛會的攝影師全部來自中國各地的國有報紙和電視台。

共產黨領導宣稱腰鼓表演是現代中國解放的象徵（圖0.1）。曾經，村民為慶祝新年而表演腰鼓，到了1930年代，中國共產黨為了推行各種社會經濟計劃，包括土地改革、農民識字運動以及推動延安荒涼地區的穀物生產，而改編腰鼓表演。自1949年中華人民共和國建立以來，延安腰鼓已成為推廣民間文化和豐富農村生活的象徵，之後也頻頻出現在各種國內及國際場合，包括在1997年香港主權交接儀式上。

延安民間文化：晚期社會主義中國的文化政治

「延安」和「民間文化」不是碰巧被並置，這兩大關鍵詞在現代及當代中國不同時期發展衍生出重要的意義（Williams 1976）。1949年後，「延安」和「民間文化」成為官方挪用、改造地方傳統，以宣傳國家政策的模式，並在接下來幾十年間形塑了中國共產黨的全國文化政策。這一模式也凸顯現代中國的共產黨政府與農村社會之間、革

圖 0.1　安塞縣政府為了攝影比賽而籌辦這場腰鼓表演，地點在延安安塞縣的山丘上。

命政治和民間傳統之間、城市知識分子與農民之間獨特的歷史、社會及政治關係。今天，這兩個關鍵詞在文化遺產保存和文化旅遊產業方面也同樣發揮作用。

　　本書分析探究社會主義時期及晚期社會主義時期的延安，民間傳統如何被動員並再現。本書將延安視為必要的分析範疇以及理解當代中國文化政治的重要的民族誌切入點。許多研究已從歷史學角度書寫延安，畢竟延安是中國共產黨在尚未掌權時，以反對黨身份建立蘇維埃政權、實行土地改革、對抗國民黨的基地（Snow 1968; Selden 1995; Apter and Saich 1994）；延安也是民族主義目標、社會主

義理想、知識分子反精英主義以及政治力量與農村的交匯之處。現行研究主要將延安的民間文化傳統視為革命工具、政府宣傳的媒介，或是毛澤東文藝改革的目標（Holm 1991; Hung 1985, 1994）。

本書的主要目標之一，就是在上述主流敘事之外提供對於民間文化的新詮釋，梳理過往一直以來被民族主義或共產黨政府政策所壓抑、迴避的民間邏輯和地方故事；然而，本書並非在尋找一種原始的、古老的、未被政治進程和資本力量介入的民間文化，而是探究社會主義政治與民間文化形式和內容如何糾纏交織。換句話說，本書不認為民間文化是本土的先驗存在，而是從另一個角度來檢視民間文化傳統如何在不同的時代成為不同的話語。

本書大膽地將當代民間文化視作不同的力量競逐博弈的話語場域。[1]在這話語場域中，農村的文化傳統受到大量討論並重新塑造，也因為有申請非物質文化遺產的新規矩，民間傳統民俗更變成多方爭取話語權力之處（Mani 1987; Duara 1995）。本書不同於大部分探討後毛澤東時代傳統復興的研究，這些研究通常視本土社群回憶、地方歷史再現或民間儀式復興為反抗毛時代控制文化、箝制本土的一種方式（Jing 1996; Mueggler 2001; Liu 2000）。

而我的研究更傾向視民間傳統作為一種當代不同力量博弈的話

---

[1]   我受福柯的啟發，思考權力不單純是一種由上而下、壓制性的權力行使，在現代社會通常是以話語這種形式出現。話語界定什麼可以被討論書寫，什麼是一種正確的思維。話語不需要把褻瀆、冒犯權力的思想用暴力消滅，只需要讓我們沒有語言再去討論。因此福柯認為現代社會裏的權力行使不一定是負面、鎮壓式的，反而可以是正面、伸延式，甚至是愉悅的。

語和實踐的場域。國家社會主義傳統、政策宣傳、農村地方政府、市場力量、知識分子、農民社群都相互爭取言說和建構民間是什麼、傳統是什麼。我要探討的民間是民間傳統和共產黨政府意識形態之間複雜的結盟關係和相互滲透的過程（Greenblatt 1976），而不是簡單的對立或者控制關係（Wang 2001; Chau 2005; Goodman 2006；Schein 2000; Oakes and Schein 2006）。

　　本書主要聚焦於延安農村的三項文化實踐上：陝北說書、剪紙和巫神，並檢視這些實踐與政治、資本及地方力量之間的糾葛關係。延安是審視這些關係的最佳位置，因為它不但是中國國家革命、民間傳統、歷史再現和當代實踐最具代表性的地點，也是上述種種面向交匯、合作之處。此外，這三項文化形式都是在延安農村廣為流行，但同時被政治化、重塑或禁止的傳統。

　　首先，延安區域的陝北說書，是中國共產黨進行文藝改造、將傳統內容改編成現代社會主義的故事時，首批挑選的幾種民間文化形式之一。在毛澤東時代，許多說書人接受社會主義宣傳培訓後，再到偏遠農村地區宣傳國家政策和計劃；現在，我們仍可從說書人持續表演政府宣傳相關的內容，來理解後毛澤東時代延安地區民間文化生產的複雜脈絡。其次，剪紙除了是主要的農民藝術形式外，其大膽的圖型設計、吉慶主題和在地方廣受歡迎的程度，也很早就讓共產黨員產生了興趣；中國政府不僅在毛澤東時代就廣泛運用民間剪紙，在後毛澤東時代仍持續在印刷媒體如海報設計、書本封面、賀卡上使用這項技藝，以宣傳國家的發展。近年來將民間剪紙列入世界及國家文化遺產的努力，再度激發出某些中國知識分子的

歷史和民族主義情結，回歸農村民間文化被再次認為能解決因為現代工業發展（或現代性）造就的民族身份危機。最後，巫神是延安農村社區相當普遍的民間信仰，雖然被官方認定為非法活動且遭到禁止，但它卻涉及一系列多元的神明、神祇，也與各種信奉、占卜和治療活動中的通靈附身有關；對巫神的信奉活動超越於國家話語和控管之外，是表達民間焦慮和慾望的重要場域，並且成為近年來快速城鎮化進程下形塑農村身份的形式。

本書認為延安的民間文化在毛澤東時代受到共產黨政權控管，到了晚期社會主義時期轉變為各方競逐的場域。今日不同層級的政府單位、知識分子、地方群體相互競爭，為了宣傳推廣、公關活動、社區發展和經濟利益而利用文化傳統。因此，不同於認為民間傳統不再受到國家干預、已於各地遍地開花的主流觀點，我對民間傳統的看法有以下三點：第一，民間傳統比起以往更全面地整合於社會主義意識形態和共產黨國家政權的宣傳之中；第二，這些傳統與旅遊景點、商品和消費經驗融為一體；第三，面臨城市化的挑戰，農民亦不斷重建展演民間傳統。

在本書中我使用晚期社會主義（late socialism）而不是後社會主義（post socialism）來形容當代中國的狀況，因為在我看來，後社會主義更適用於像後蘇聯這種共產主義體制崩潰、完全進入市場改革的社會狀況。而中國並沒有出現體制崩潰，尤其是在1989年的六四學生運動之後，黨國體制愈發固化，同時又加快經濟改革的速度。而我對晚期社會主義一詞的使用借鑒了文化理論家詹明信（Fredric Jameson）（1991）對晚期資本主義文化邏輯的分析。詹明信以美國為

例，探討在深化的資本主義過程中，文化形式如何轉變。他認為晚期資本主義的文化更多的以後現代的形式出現，比如拼貼和戲仿。如果借用詹明信的視角來審視晚期社會主義中國的文化形式，在中國這種特定的社會狀況下，在社會主義體制和市場經濟改革所共同形成的所謂中國模式下，農村文化以何種形式展現呢？

目前中國社會特有的複雜狀態，就是同時採取集權統治以及新自由主義策略的共產黨政府，與新興大眾消費文化、愈發商品化的社會經濟文化相互融合 (Ramo 2004; Zhang and Ong 2008; Hoffman 2010; Zhang 2001, 2012)。在這樣的晚期社會主義政治經濟中，中國共產黨政府、體制和政策施行仍保有某些彈性。其高速的經濟成長與大型國有企業併肩前行，而中國也躍升成為全球資本中心之一，但單位工人大規模下崗，農民工成為「世界工廠」的廉價勞動力，曾經以階級鬥爭為主，工農翻身的的革命政治開始失去說服力。學者稱此中國的政經發展模式為「彈性的後社會主義」(Zhang 2012: 659–667)，或是「斷裂的社會」(孫立平 2007, 2009)，強調中國因「許多社會領域的私有化」(Wang 2003) 以及「政治權力的市場化」而犧牲了公共福利、平等和基層人民的利益 (Lin 2006)。

在文化領域裏，文化生產並未在市場化過程中全面商品化，也不完全像在毛時代那樣被國家強力控制；尤其是農村的民間傳統，一方面容讓更多民間宗族社群的參與，但同時黨國持續的操縱和資本化傾向，成為今天民間傳統複雜的生產面貌。因此，本書檢視的是共產黨政權、民間藝人、農民和城市消費者的多重互動關係。我將晚期社會主義中國的民間文化的邏輯，視為國家政府利益、資本

利益及地方農村社會利益三者之間不斷博弈協調的過程。

　　本書結合批判性人類學對國家傳統、現代政府和資本主義現代性的分析，追溯農村儀式展演和現代國家政治之間交纏糾葛的關係（Taussig 1997; Comaroff 1994; Comaroff and Comaroff 2000）。人類學很多著作皆指出，今天很多民族文化或不同種族族群不斷以企業或文化產業的形象在重新塑造自我，同時企業也挪用這些文化實踐和再現，開啟了新的消費場域。[2] 的確，晚期資本主義社會中的現代國家或種族族群日益將國粹、傳統身份和族群本真性（ethnic authenticity），通過商品化和消費呈現出來。

　　然而，中國的農村村民和少數民族並沒有把地方傳統歸為自己的知識產權或土地所有權來宣示。民間傳統在毛澤東時代已經是共產黨政權緊密控管、進行各種國家政策和利益宣傳的主要場域；同時，中國農村地區比起城市的經濟發展落後許多，雖然有些民間傳統形式與市場相連，但大多仍跟晚期資本主義社會的商品化過程相距甚遠。然而中國嚴重的城鄉分化，農村凋零也同時觸發城市知識分子對於民族文化傳統消逝的焦慮。諷刺的是，民間傳統生產一方面逐漸與憑藉迎合城市懷舊想像而帶來的農村經濟發展結合，另一

------

[2] 　Marilyn Ivy 研究高度資本化如日本社會的傳統文化是弔詭地透過文化產業或者文化商品化獲得重生的；最有意思的是日本的國家文化想像和認同竟然是在這些不斷消逝（vanishing）的文化傳統上而得以延續（1995）。John Comaroff 和 Jean Comaroff 檢視近來南非的種族文化主題公園，以及美洲原住民的「賭場資本主義」現象，提出「族群創業」（enthopreneurialism）的概念，意即種族或者族群把自身的傳統商品化，以達致保留文化遺產、經濟發展、自決權（2009）。

方面則和共產黨政權的發展計劃及各種政府宣傳持續交織、競逐。

因此,中國民間傳統話語和實踐在晚期社會主義情境中的位置十分獨特,不但處於政權控管、各種市場力量興起以及不平等的城鄉發展背景下,也受困於類似在晚期資本主義社會背景下對於民族鄉土身份漸逝和消費民俗本真性的焦慮之中;此外,農村內外的急遽城市化讓上述情況變得更為複雜,農村被掏空和傳統儀式的復興不斷重塑農民的主體性。本書探討中國傳統在這種特殊的政治經濟脈絡中所生產,並追溯不期而生、相互並存的各種力量。當下已有不少關於改革開放時代的城市文化生產的研究,如電影、文學和戲劇等,但在檢視民間農村傳統如何與經濟增長、新興消費文化、政治宣傳,舊有的文化體制和不平等現象相互交織等方面還沒有很多的討論,本書希望能夠對此有所貢獻。

現代中國延安的多重歷史面向

延安的歷史重要性,在於抗日戰爭時它是中國共產黨中央的所在地(見地圖1、2和圖0.2)。延安屬於中國中北部的陝西省,位於黃土高原,地貌不平,包含各種山溝峽谷和岩石高地,多風少雨,氣候乾燥,土壤貧瘠,植被稀少。當地居民住在「窯洞」內,在山脊梯田上耕種該區域的主要糧食作物,如小米、玉米、大麥、蕎麥、馬鈴薯和各種豆類。在十九、二十世紀之交,旱災、人口稀少、糧食欠收、極度貧困和土匪橫行成為延安的形容詞。

北京

陝西省

香港

陝西省

安塞
延川
延安市

延安地區

西安市
（省會）

地圖1.　中國
地圖2.　陝西省延安地區

圖0.2　窯洞，位於黃土高原的典型延安農村建築。

　　延安是中國共產黨長征（1934–1936年）的終點，[3]也是之後對抗
蔣介石國民政府期間的基地。當共產黨來到位於陝西、甘肅和寧夏
三省交界（後稱為陝甘寧邊區）、道路艱險的黃土高原時，發現這裏
很適合進行戰略防禦，於是在該區域中心，也就是在延安，建立了

---

[3]　1934年國民政府發起全面圍剿共產黨的大規模行動，中國共產黨在反
　　圍剿失敗後，被迫開始長征；為躲避陸空攻擊，共產黨黨員跋山涉
　　水、穿越草地，人員損失慘重，最後僅剩下大概十分之一的人員（10
　　萬人左右）存活下來。官方版本的共產黨長征歷史請參考《偉大的長征》
　　（編委會 2006）以及《中國工農紅軍長征全史》（軍事科學出版社 2006）。

新的蘇維埃根據地，逐漸恢復軍事力量。1937年日本入侵，讓共產黨有了興起的機會，戰爭迫使國民政府和共產黨合作成立聯合政府，國民政府也因此將主力放在對抗日本而非共產黨身上。1937年至1947年期間，中國共產黨動員軍民開山辟石，分配土地給貧困的農民，增加穀物種植，重建農村經濟，並與延安的地方政治力量結盟；中國共產黨的務實治理及減少貧窮人口的農村改革運作良好，尤其對比當時在國民黨政府治理下的其他地方，皆為貧富懸殊和嚴重通貨膨脹所苦，更顯得共產黨政府的管治和改革更有實效。

在中國的官方論述中，1937年至1947年的延安是烏托邦社會及社會主義的理想典範，也代表和平統一中國的承諾，吸引了全國成千上萬的年輕知識分子和專業人士投身於革命之都。[4] 不難理解官方對延安的正面讚揚，因為它不僅將共產黨奪取權力合理化，也讓其日後的統治合法化。但這些頌揚不僅限於中國，在西方世界，斯諾（Edgar Snow）於1937年首次在英國出版的著作《西行漫記》（*Red Star over China*，1968），同樣使用極度正面的評語讚賞延安的蘇維埃政權，譬如：「我發現位於西北的中國共產主義，如果稱之為農村平均

---

[4]　丁玲，上海著名的女性主義者和小說家，即是前往延安的典型例子之一。她曾是蔣介石政府的政治犯，1937年在地下共產黨員的幫助下抵達延安，其後在蘇維埃政權下監管政治教育（Spence 1981: 270–272）。另見丁玲為《延安文藝叢書》所寫的序言（丁玲 1984）。還有許多外籍的朝聖者，如白求恩（Norman Bethune），這位曾在西班牙內戰期間義務援助共和政府的加拿大籍外科醫生，於1938年來到延安。還有曾在1936年幫助西班牙人民反抗法西斯政權的印度醫生 Dr. M. M. Atal，也帶領印度醫療團隊來到中國（Basu 2003）。

主義，較之馬克思認為合適的任何名稱，也許更加確切一些。」（1968: 219–226）無獨有偶，韓丁（William Hinton）的著作《翻身》（*Fanshen: A Documentary of Revolution in a Chinese Village*，1966）也美化了1937年共產黨在邊區進行的土地改革，形容其「完全翻轉了」農民以往貧困的生活。這些激情的敘述共同將延安描繪成世界革命的道德中心及社會主義理想的聖地。然而，這類敘述即使記載了不少事實，但仍是來自某個「話語社群」（discourse community），認為延安是能讓個人實現更高道德真理的特定時空 (Apter and Saich 1994; Epstein 2003)。在世界歷史的脈絡下，我們可以將此類敘述理解為反法西斯主義、對抗興起於歐洲的納粹，以及其後國際左翼對抗歐美資本霸權過程的一部分。

　　之後針對延安的扎根研究來自於馬克·塞爾登（Mark Selden）的著作《革命中的中國》（*China in Revolution*，1995）。塞爾登提出「延安道路」（the Yan'an way）的概念理解中共革命的成功，不只在於國民黨政府的腐敗或者剛好日本的侵略給中共一個喘息的機會，而是切實地在陝甘寧地區推動惠民的減租減息政策、下鄉運動、合作生產和大眾教育運動。塞爾登認為這種社會經濟策略使得「革命的過程亦即為社會經濟發展的過程」，才是中國共產黨真正能獲取人民支持、獲得革命成果的原因（1995: 220–230）。

　　但是塞爾登較少提到對延安蘇維埃政權的高壓一面，其實後來有研究指出共產黨政府其實也採取了不少野蠻的打土豪手段，透過抹黑地主形象然後強行奪走他們歷代勤奮經營的土地資產並分給農民等等。其中對延安時期最為深刻的批判，來自中國歷史學家高華的《紅

太陽是怎樣升起的》(2000)。高華指出很多黨史刻意埋沒的事實，比如黨史一味歌頌當時的知識分子如何投身紅色政權的建設，偏偏沒有提到許多年輕知識分子真誠批評共產黨的政策，不但沒有得到重視，反而被認為是反黨行為而遭到嚴重的政治迫害。高華找到的資料顯示，1942年至1943年毛澤東領導的整風運動期間，許多知識分子都被扣上「反革命分子」等不公平的罪名，有的因為堅持言論自由被收監，有的甚至被殺；高華因此揭露了延安烏托邦式的美好形象背後，是共產黨嚴格控管、壓抑不同政治觀點、派系鬥爭等現實。[5]

延安整風運動時的打壓異己、統一黨內言論是無可遮掩的歷史污點，但整體來說，中國共產黨在延安時期，算是能實現平等理想和務實政治，極力推行政治中庸而非後來的一黨極權統治，例如在政治方面，採取「三三制」原則，與中農、地方仕紳和非共產黨員共同組成聯盟，在經濟上採取社會平均 (social-leveling) 而非暴力的階級

---

[5]　高華認為與整風運動相關的政治迫害，不僅限於幹部和軍隊內部，也延伸到大學、甚至中小學學生身上。在某些幹部訓練團體中，被懷疑為特務的人所佔的比例高達75%，在抗日紅軍大學中有50%，延安大學則有30%（高華 2000: 519–527）。其中一位主要的知識分子兼異議人士王實味，即因被認定為國民黨特務而遭到斬首處決（高華 2000: 335）。整風運動是延安時期的黑暗點。這場清黨行動延續了自瑞金蘇維埃政權的黨內猜疑和不信任的氛圍，導致黨內出現濫用酷刑及以不公正手法找出可能或想像中的叛徒。政治學者 Michael Dutton（2005）認為在共產黨內部這些一再發生的政治處決悲劇，是來自對國民黨的不信任，且最早可追溯至1927年國民黨進行的「清黨」，當時蔣介石背叛國民黨與共產黨聯盟組成的國民政府（1924–1927），殺害上千名左翼知識分子和工會成員（蔣介石 2002）；Dutton 認為，政治猜疑和迫害深植於中國左翼革命政治中，而延安整風運動較之中國共產黨之前的政治打壓風格和受影響人數而言，已算是較為收斂（Dutton 2005: 78–80）。

鬥爭，這些皆成為其贏得全國民心且最終於1949年戰勝國民黨政府的關鍵（Huang 1995）。二十世紀前半期，延安「從艱苦之地轉變為革命理想聖地」的象徵，是賦予現今政權合法性起源的最有力的官方敘事（origin narratives）之一。中國共產黨特別喜歡讚揚早期的延安，肯定其於慘烈世界大戰之際帶來改變的形象，也難怪在當今權力腐化和革命熱忱消逝的時代，共產黨政府常常高舉「延安精神」的模範作用。

民間文化：作為本真性秩序

民間文化，作為本書兩大關鍵詞之一，不論是在毛澤東時代以前或期間、或後毛澤東時代，其蘊含的各種意義皆與農村地區、農民和農業不斷變化的意涵密切相關。

不僅現代中國將傳統民間文化搬演為真實、古老而內在固有的客體。事實上，將原始、傳統和民間農民文化視為懷舊慾望的客體，也是西方現代性的文化再現過程中反覆出現的主題，不論是在啟蒙時代或現代社會理論中都是如此（Felski 1995）。對歐洲現代性而言，神秘又充滿異國風情的「東方」是一種親密的他者，能對抗歐洲只以進步、物質為目的，卻失去精神追求的「西方」。[6] 薩義德（Edward

---

[6]　丽塔・費爾斯基（Rita Felski）認為十九世紀末歐洲的藝術家、作家和知識分子透過親近女性化的過去，親近神話、非理性崇拜的方式，表達在城市化、科技化社會中的疏離感（1995: 50）。她強調東方化和女性化的他者在西方現代性的時間經驗建構和歷史意識中，皆扮演着關鍵角色。

Said）就以「東方主義」一詞指涉十九、二十世紀的後啟蒙時代歐洲對伊斯蘭世界的書寫傳統，認為該傳統在呈現伊斯蘭社會文化時，縱然有很多羅曼蒂克的投射與歌頌，卻有偏見及簡單化之嫌，而且預設了歐洲具有道德與知識上的優越性。薩義德批評這種東方主義式的再現方式最大的問題是當西方與非西方文明之間被預設成具有本質上的差異時，根本就沒有辦法真正了解伊斯蘭社會文化內部的複雜性，和它與歐洲的歷史文化你中有我、我中有你的關係（Said 1978）。

但東方主義不僅是西方在構建非西方，更與非西方國家自我建構的民族形象和文化緊密相連。通過分析後殖民世界的民族主義思想史，歷史人類學家查特吉（Partha Chatterjee）發現雖然民族主義思想欲反駁殖民地人民是落後且文化程度不足以自治的殖民謬論，宣稱經濟落後的國家可以自己完成現代化的同時保有本來的文化身份，但這種普遍性的反殖民族主義思想，卻無可避免地生產出一種以接受歐洲現代性的知識為前提的民族話語。這種民族話語一方面容許殖民地國家保持本國道德文化傳統，另一方面也陷入東方主義的邏輯：承認西方的物質科技更有優勢，而且接受所謂西方和非西方文化具有本質上的文化傳統差異（Chatterjee 1993: 30）。因此，民族解放的過程既是反殖民反東方主義的過程，也是與之共謀的過程。

中國早期民族主義發展的邏輯與上述矛盾相似，二十世紀初五四運動的知識分子在面對西方帝國的威脅時，一致將歐洲的科學進步和軍事力量歸結於其文化優越性，同時感嘆中國缺乏這樣的文化

特質。在五四運動中，更為激進的知識分子主張全盤西化，但其他民族主義者擔心的是自身民族文化的獨特性被抹除；於是，為了解決此隱憂，好幾代的中國民族主義者在認定西方優越性在於其物質文明的同時，也擁護東方的精神文明優越性。

自此，實現真正的中國現代性的目標，解決之道就是嘗試對所謂的「國粹」進行多次的探索與界定。晚清官僚發起的洋務運動即為一例，強調「中學為體，西學為用」，向西方學習軍事和工業科技的同時，仍不忘儒家思想價值。

1920年代初期的民間文學運動就是其中一種尋找「國粹」的嘗試。當時的知識分子主張向農民學習，同時教育農民；這場由李大釗、顧頡剛、周作人等主導的運動，呼籲眾人從鄉間農民身上蒐集各種民俗、歌謠，以找到民族和大眾文化的交匯點 (Hung 1985)。

中國雖然沒有像印度、非洲那樣被歐洲殖民統治的歷史，但西方列強已經在沿海主要城市享有租界權利，舉國上下在內憂外患之際也無可避免地進入殖民地國家需要探尋傳統文化精髓以伸張民族獨立自主的思維。但正如查特吉所言，非西方國家這種嘗試探尋、定義傳統文化的過程就注定受到兩股共生的現代化力量所主導：一是追隨西方定義的科學軍事發展之腳步，另一是保存國家文化精萃和民族的道德精髓。這樣，非西方國家在呈現自我文化傳統的同時，也弔詭地跟歐洲東方主義書寫伊斯蘭文化社會的傳統不謀而合，也就是進一步強化和強調西方和非西方的文化差異。在這情景下，中國的女性、孩童、鄉間、甚至是儒家倫理，皆被視為不同時代下保存這項永恆傳統的載體，具有「永恆不變」、「自然」的意味。

歷史學家杜贊奇 (Prasenjit Duara) 將這些象徵着所謂民族本真性的形象稱為「本真性秩序」(regime of authenticity)(1998: 299),「本真性秩序」通常頌揚民間、母性、少數群體或大自然,肯定其為「現代性中傳統的靈魂」,卻也選擇性地強化、甚至本質化這些類別的特定圖像或元素。比如說,在歌頌少數民族的傳統儀式如何保留了古老的信仰時,未必會提及他們比儒家開放得多的性別、性事、家庭實踐。杜贊奇認為本真性秩序通常拒絕那些逾越既定社會秩序和道德的知識與實踐,因此無可避免地成為文化本質主義和國家父權主義 (nationalist patriarchal)。一言蔽之,在尋找和定義國粹和本真傳統的過程裏,民族主義的知識分子以怎樣的標準來揀選何為中國傳統,都不可能是一個中立、客觀的過程。農村的民間傳統被賦予能抵抗中國城市化所帶來的精神污染,又可以在引來西方科技和現代化知識的過程同時,代表不滅的民族傳統。在二十世紀初期進入一個高度政治化的時期,民間傳統即也進入一個不斷被重新形塑的過程。

延安民間文化:革命的動力

文化,尤其是文學與藝術,是共產黨在延安時期對抗日本和國民政府的主要戰場;延安也是毛澤東發表他最為知名的演講之一——《在延安文藝座談會上的講話》(以下簡稱《延安文藝講話》或《講話》)的所在地。眾所周知,毛澤東在這個講話中強調了「文化」不是獨立的主體,而是革命起源、階級政治和群眾路線的一部分

（Mao 1965: 86）。《延安文藝講話》確定了中國共產黨文化政策的方向：藝術和文學創作應該滿足人民大眾的需求，而並非只屬於少數精英，其傳播的訊息應能推動而非批評中國共產黨的革命。毛澤東的《講話》在整風運動前即已構思完成，在整風運動中有上百名異議人士遭到迫害；事實上，毛講話的目的之一就是希望終止延安魯迅藝術學院知識分子之間一直以來激烈的辯論和異議。這場辯論裏，有人希望通過學習更多西方或精緻藝術形式以提升藝術品質，有人則堅持採用民族藝術的形式，更貼近一般民眾的理解和生活（Holm 1991）。顯而易見，比起「提高藝術品質」，毛澤東更喜歡「普及藝術」。

《延安文藝講話》後，知識分子和藝術家紛紛下鄉，學習、理解「民族藝術形式」如何為「人民大眾」的利益服務。接下來數十年，城市知識分子努力重演許多農村傳統習俗的儀式內容，採用社會主義、反帝國主義的語彙，將這些內容重組成更簡易的形式，進行社會動員。許多文化形式從此和抗日戰爭及一系列社會改革產生密切關聯，例如推廣性別平等、消除迷信、提高人口識字率等。其中最為典型的例子是「秧歌」，這項傳統民間舞蹈習俗起初為了慶祝新年，村民用這種舞蹈和響亮的音樂來娛樂鄉里，並祈求來年豐收。城市知識分子重新製作歌舞形式，結合揭露社會黑暗面、宣傳新社會道德的戲劇內容，將秧歌轉化為延安主要的文化形式（Holm 1991）。

1940年代後中國文化的農村化現象

　　毛澤東的《延安文藝講話》對延安內外的民間傳統有兩大影響。一方面，《講話》標誌着中國共產黨在接下來數十年間在全國對文學藝術進行政治性的審查和利用；甚至到了2012年，為了慶祝《講話》發表70周年，中國的諾貝爾文學獎得主莫言應政府要求抄寫《講話》原文，莫言也因此受到來自國內外的諸多批評。

　　另一方面，中國民間文化傳統自此經歷大幅改造，農村的文化民俗開始象徵具有前景的社會主義現代中國，而不是分崩離析、貧瘠的農村鄉土形象。這種對中國農村文化的新理解至關重要。中國文化一向由男性文人所踐行；以書法為例，涉及對中國典籍、詩歌和歷代作品經年累月的覆誦、臨摹。中國文化代表文人的培養過程和特權，有別於農村的粗活勞動或維生手段，而毛澤東的《講話》徹底改變了中國文化的定義和實踐的方式。

　　的確，那時的知識分子因日本侵略而憂心忡忡，也正積極重新思考文學和藝術作品的受眾，以及知識分子與農民之間的關係（Han 2005）。城市知識分子知道農村可能會有更多的反抗潛力，不只是因為農民的人數眾多，也因為民間文化的宣傳力量，這最終促使他們重新評估了民間傳統文化形式、類型和藝術價值。此一意識上的覺醒，即洪長泰所謂的中國知識分子意識的重大轉變：中國文化走向農村（ruralization of Chinese culture）（Hung 1994: 279）。這在當時都是一種範式轉換，標誌着中國文化朝着農村內部、鄉土知識和實踐的方向邁進，最終促成「新農村文化」的誕生（Hung 1994: 280）。

鄉土民間文化形式被賦予一種的新的民族身份，與新的文化意識相連，其美學形式、內容和意涵全然改變。它們在抗戰時期被用來鼓舞士氣，之後又服務於共產黨政府的國家政策。城市知識分子出於各種社會政治目的，傾向將不同形象和特質附加於農民和農民文化之上（Han 2005）。首先，在中國文化農村化的話語裏，農村地區成為政治活躍和希望之地；第二，農民成為國家和歷史轉變的能動者；第三，各種農村文化形式不只蘊含幸福生活和中國團結一致的象徵，也是共同打造民族國家新未來的強大文字與影像武器。最後，也是非常重要的一點，雖然城市知識分子仍認為自己擁有社會地位和文化上的優越性，但他們開始與農民相處、學習、甚至受到農民啟發，重新認識自身的特權和知識。如同本書接下來的章節所展示的，城市知識分子和農民之間的歷史性矛盾關係在市場改革時代一再上演，並持續影響着當代文化遺產的相關討論。

　　總體而言，自進入二十世紀以來，中國民間文化形式至少與以下三種力量糾纏在一起：中國民族主義者理解下的西方進步和理性；其對於中國文化起源和本真性的追尋；城市知識分子認可民間文化所具備的抵抗性以及中國共產黨挪用其作為革命之用（Duara 1995; Anagnost 1997）。不論在 1949 年共產黨建立國家政權的之前或之後，民間文化不再只是具有鄉土特色的知識與實踐領域。自二十世紀初以來，民間文化傳統一直都是各種社會政治實驗、尋找民族本真、民族主義話語及實踐的主要場域。

1980年代鄉土性的邊緣化：延安作為垂死的農村他者

1980年代，鄧小平着手進行市場改革，中國經濟和社會遠離集體主義，象徵共產主義革命的延安退隱於國家想像之幕後。但延安與西北地區的民間傳統進入了新的敘事結構，從原先和國家未來與政治緊密相連的農村文化，變為文明停滯、落後與貧瘠的空間明證。

這種對於延安民間文化的重新理解，可追溯至八十年代的文化運動。當時城市知識分子開始反思中國農村經濟和傳統習俗，認為其於黃河流域的孤立位置，塑造了一種防禦式的、受大地束縛的民族性格。在全國範圍內播出而深具影響力的電視紀錄片《河殤》，以及八十年代許多的第五代電影導演的作品，都將農村民間文化呈現為垂死的他者，與文明的城市形成強烈對比 (Wang 1991:28)。[7]

---

[7] 例如陳凱歌的《黃土地》(1984)，中國電影第五代導演最具代表性的作品之一。如 Chris Berry 所觀察，這部電影以「跟過往偏好『工農兵』完全相反的農民再現」為特色，「以往呈現的農民是做好心理準備隨時加入革命的」。電影中的年輕女孩仍被困在貧窮和無知的世界，她的父親對社會改變毫無興趣，強迫女孩進入她不情願的婚姻 (Berry 1992: 52–53)。《河殤》是鄧小平時代最具爭議性的電視紀錄片之一 (Bodman and Wang 1991: vii)，選了黃河、龍、長城和神明崇拜為中國集體意識的象徵，探索這些象徵背後所代表的傳統中國文化；片中呼喚要脫離鄉土文化，從朝代更替、自我防備的封閉心態中解脫 (Field 1991: 5)。這部電視紀錄片將海洋文化和工業化資本主義的現代性相連，黃河淤塞則和老化的農業文明相連；節目的核心訊息是呼籲中國加入工業化的西方文明世界，也就是自由精神、開放、科學和民主的世界，脫離發展和文化停滯不前的狀態。更多關於該部紀錄片的討論請見 *Bulletin of Concerned Asian Scholars* 1991 23(3): 1–32，蘇曉康、王魯湘 (Su and Wang 1991)；以及 Tani Barlow 的《知識分子和權力》(1991)。

舉例來說，延安農村所信奉的神明圖像就受到當時的城市知識分子批評，認為它象徵了屈服於「集體權威」的民族文化傾向，而這種權威與「中國文明的停滯或過於穩定」有關（Wang 1991: 28–29）。我在此不再贅述八十年代文化熱的相關論述，[8] 重點是自那時起，西北農村地區多數文化實踐即成為中國停滯、封閉、無力的文化隱喻。

　　這種對於農村地區和民間文化的負面評價，與城市知識分子試着處理毛澤東執政數十年後農村地區物質匱乏的問題有密切關係。[9] 1949年至1979年期間由毛澤東帶領的共產黨政府，即使它不斷地將

---

[8]　1980年代「文化熱」的討論發展為探討「思想」、「理論」和「方法論」的成熟社會文化運動，也是知識分子認為能對國家文化議程及市場經濟策略有所貢獻的運動。在不同學派的思想、主題和問題之中——五四知識分子60年前討論過的議題——再度浮現，且更為複雜的發問是：身為知識分子的我是誰？中國傳統文化的意涵是什麼？在現代化過程中的位置為何？中國應該如何現代化——透過文化、科學、或哲學反思的方法？參見陳來（1989）、陳奎德（1991）、王瑾（Wang Jin 1996）和查建英（2006）。

[9]　本書無法全面回應毛澤東時代關於農村物質發展落後和體制上城鄉分化的複雜因素及激烈的意識形態辯論。我的觀點是，雖然1949年後新成立的社會主義政府想通過快速工業化改善城鄉差異，但城鄉分化的問題卻變得更為體制化，而且沒有得到民主的討論，其中一個原因是毛澤東政府經常處於兩種分歧矛盾的需求拉扯之間：一方面需要農村人口辛勤勞動、為國家新興的城市化和工業化提供平價農作物，另一方面又需要打造農村地區充滿希望的形象；這項兩難導致了矛盾的結果和充滿各種問題的政策。舉例來說，共產黨政府愈努力將過剩的工業產值最大化，就愈需要透過統一的採購體系壓低農作物價格；於是政府必須對村民強制執行懲戒措施，以完全取得農作物。即使人民公社提供村民基本醫療服務和教育資源，仍無可避免成為嚴格控管村民工作日程、私生活和言行的監管體制，以確保他們服從並提供收成。

農村地區建構成充滿希望的社會主義未來，但也必須靠剝削農民來達到資本的原始累積，以進行快速工業化和國防建設。毛政權鼓勵農民把自己視為跟城市同志平等的夥伴，美化農業勞動力，並將農村地區發展為充滿活力的集體公共空間。然而，在以農業支持工業化和城市化的過程中，政府亦採取了極端的手法，剝奪了村民的消費、加工農產品以及出售自己勞動產物的權利。此外，毛政權建立了戶口制度，進一步限制農民在出生地以外嫁娶、找工作，或遷徙到外地的權利；戶口制度限制村民搬遷到城市，因為城市職工有較好的基礎設施、社會福利、教育和就業機會。這樣的制度無可避免地使農民淪為二等公民，承襲上一代的身份和命運，遷移和發展機會大大受限（Chan 1994）。數十年下來，國家的需求被滿足後，某些區域的農民經濟卻困頓到無法溫飽的地步（陳桂棣、吳春桃 2004：142）。

八十年代，城鄉斷裂，但是言論控制逐漸放鬆，文化熱就是在此環境下開始產生。因此，1980 年代的知識分子揭露了之前從未被披露過的的部分現實：農村地區和農民受到過度課稅和不合理的限制。然而，儘管知識分子欲批評毛澤東的意識形態和治理方式，卻從未想到後來的市場化改革也無法減緩農村貧困及城鄉分化問題。但對於農村的負面評價，已造成旋風式的效應，而以農村為主、經濟落後的延安，也從革命聖地淪落為奄奄一息的西北貧瘠農村的代表。

到了九十年代，中國城鄉分化在鄧小平的經濟改革下變得更為複雜。農民的莊稼雖然全屬於自己，也可以離開農村尋找其他工

作，但開始面臨市場力量和勞工保障不平衡的考驗。[10] 一方面，政府逐漸縮減針對農村建設的補貼，肥料、種子、水電價格上漲，加上農產品市場價格普遍低廉，致使糧食生產不再獲利，於是1990年代出現農民大規模棄耕。另一方面，上百萬名身強體壯的農民離開家鄉到城市找工作，卻只找得到低工資的苦差事，還得面臨各式各樣制度上的阻礙，限制他們取得基本的城市福利（Dutton 1988; Solinger 1999; Pun 2005）。同時，農村裏的行政官僚體制在市場改革下沒有革新，反而進一步膨脹，甚至透過各種不同的建設項目課稅收費，農民負擔成了前所未有的大難題（陳桂棣、吳春桃 2004）。加上徵收村民農地的方式和補償皆沒有公平透明的過程，造成某部分人因為跟有關政府部門有關係而得益，大部分沒有關係的人則沒有得益，一部分反而失去農地，而且沒有獲得賠償。類此大規模的分配不公平，政府部門監守自盜，官商利益輸送在1990年代的農村地區甚至變成普遍現象（Lora-Wainright 2012）。因此在1990年晚期及2000年初，許多農民抗爭事件陸續發生。

---

[10] 孫立平研究中國農民在不同時期特定改革政策下獲得增量效益的方式，而不將「經濟改革」化約為經濟學家讚賞的自由市場或簡化的自由主義。他認為1980年代的經濟改革是透過各種政策，如重新分配農地給農村個體户、達到繳交標準後村民即有權擁有並販售作物、提高政府購買農作物的價錢、允許農民遷出出生地、創立農村產業等，以「將之前集中於黨國政府手中的權利和資源，拓展至許多人身上」。然而，孫立平批評1990年代的經濟改革是透過私有化政策「將資源重新集中並分配給統治階級和經濟精英」。當時有些經營失敗的國有企業轉為私有制，集中於少數人手中，造成數百萬名工人失業，而同一時間住房、教育和醫療服務迅速商品化（2004a, b）。

學者專家積極尋找各種解釋農村問題的方式。比如説，嚴海蓉將「農村的衰敗」歸因於經濟改革固有的新自由主義意識形態，認為經濟改革不僅在話語上，也在實踐上賦予城市成為資本投資、發展和現代性的唯一合法空間，同時迫使農村淪為物質和意識形態上「落後」和「傳統」之荒地（Yan 2008）。溫鐵軍（2005）認為農村危機是一連串複雜歷史發展的結果，擁有龐大人口及稀少耕地的中國，首先在毛澤東時代受到「國家資本主義原始累積」的壓榨，接着在後毛澤東時代又被迫供給全球資本市場。[11]

如今，中國城市化的多重過程又使得農村問題更為複雜。城市化不僅涉及農村人口遷移至早已存在的城市，多層次的城市化也出現在城鄉交接之地。舉例來説，「城鎮化」即是現存農村及其周遭區域，因逐漸增加的信息、商品、資本和人口流量而快速轉變的過程（Guldin 2001; Day 2008: 69–73）。

我的民族誌田野研究就處於以上複雜的農村變遷與城鄉斷裂中。那些沿着主幹道的交通便捷的延安鄉村迅速城鎮化，而遠離主道路的則仍需面對迫切的生存問題。民間的文化傳統也在這種城鎮化和城市話語裏不斷被賦予新的意義。在之後的章節中，我將會對延安農村地區現況做更多説明。

---

[11] 溫鐵軍，農業經濟專家，他提出對三農問題「農民、農村、農業」的反思，梳理歷史、政治、經濟和文化因素相互糾結產生的問題。

1990年代農村的浪漫化再評價：
延安農村作為活態文化的載體

　　進入九十年代晚期，在全國城市化的一片呼聲中，越來越多的目光開始轉向農村。而諷刺的是，農村地區經濟越凋零，民間傳統卻越被建構、再現為田園般的、精神富足又充滿力量的符號，不論在農村和城市地區都可以看到這些新的再現。延安農村地區的黃土高原地貌、傳統藝術、窰洞建築和宗教儀式，全都成為文化純粹性和文化起源的賣點。相關主題的書籍如《黃河十四走》(楊先讓、楊陽2003)、《再見傳統》(第一至四冊)(呂勝中2003a、2003b、2004a、2004b)、《搶救民藝》(潘魯生2006)和《鄉土精神》(馮驥才2010)，雨後春筍般湧現。這些新的再現和對農村文化的興趣，鮮少反映出農耕衰落和不發達的情形，然而卻吸引愈來愈多的知識分子、畫家、作家、攝影師、蒐藏家，以及近年的城市家庭和遊客來到農村旅遊，「體驗並了解消逝的農村元素及精髓」(採風)，這些再現也勾起人們對於山野體驗、有機蔬果穀物消費以及農家樂的懷舊愉悅感。

　　有學者認為，農村生活的價值轉變反映出中國中產階級消費者的「浪漫化再評價」。城市人為了自我陶冶、道德修養甚至是身份地位區別的目的，渴求重新探索那熟悉而又變得陌生的天真無邪之地(Griffiths et al. 2010)。但城市人對於農村民間文化重燃的興致不僅與城市中產消費模式有關，也是國家投注心力的結果。王瑾的研究認為中國政府主動建構休閒文化的消費文化話語，在整個1990年代施行支持消費的國家政策，於是發展出「文化經濟」新局面(Wang

2001）。地方政府為了經濟活動帶來的報酬和商機，在其中扮演文化搭台的重要角色；民間傳統和儀式也在此文化經濟蓬勃發展下茁壯起來，快速成為推銷地方形象的代言人（Oakes 2006; Goodman 2006）。在許多文化旅遊產業中，農村風土民情被刻劃為和善、異域、傳統的形象，尤其對少數民族來說更是如此（Schein 2000）。

在農村地區也有大規模民間文化和宗教儀式的復興現象，學者注意到在這樣的現象中，民間傳統和今日再度興起的傳統儀式是「在新情勢下被回收的文化碎片」，逐漸被形式化或者被「稀釋」（Siu 1989: 139）。但大多數研究將民間宗教或民間傳統的復興視為被壓抑的農村社會在國家霸權的象徵秩序下苦苦掙扎（Anagnost 1994），或是共產黨權力被削弱，地方權力呈現真空狀態，於是家族和血緣的傳統角色得以恢復的現象（Perry 1985）。然而，近來的研究顯示，民間傳統復興不僅是「人民力量」從之前黨國霸權手中重新拿回權力。流心（Xin Liu）認為即便是農村地區每天日常的文化實踐，也是一種現代發明，「集傳統、革命和當代性於一身的特定組合」（Liu 2000: 81）；周越（Adam Chau）認為，民間信仰盛行和制度的復興，和地方政府採取放任的態度及商業精神有關，民間宗教儀式在這過程裏轉化為能夠刺激地方經濟發展的有用「資源」（2006）。

事實上，不論是在城市或農村，儀式習俗的復興及對民間傳統的懷舊消費的趨勢皆召喚出類似的圖像——田園牧歌般的生活、本真的家園、被賦予神話意義的起源敘事。民間文化復興的情形因此更加複雜，它不但是一種城市人的消費需求，也顯示農村人在快速城市化的浪潮裏也開始「思鄉」。王富文（Nicholas Tapp）就觀察到，特別是來自農民和農村社會的民間文化復興，可能與建構「真實而非

想像的過去」有關。他認為因為「農村人在新的政治關聯、經濟發展和流動中也感受着混雜的痛苦和焦慮，他們也需要重新認知的文化身份」（Tapp 2000: 89）。這項論點進一步解釋了為何現今村民努力成為「民俗知識的展演者」或古代文化遺產的「繼承人」。他們不僅是為了在新的旅遊業和城市化過程中得到金錢回報（Oakes 1998），也為取得對自身文化再現的掌控權。

簡而言之，民間傳統可以說是一個自二十世紀以來現代化慾望，知識分子以及黨國宣傳都嘗試爭奪的領域，在改革開放後，民間傳統的復興更是一個新的的博弈領域，而城市和農村居民同時參與其中。在這新的領域中，民間文化與新的城市消費慾望、地方政府建設方案、地區知名度推廣，以及一連串企業、非政府和農村發展計劃緊密交織在一起，造成「地方政府以全新的方式和規則與地方社會互動」（Chau 2005）。民間傳統復興又跟農民經歷快速城市化的過程、失去農地和鄉土生活環境、需要重建農村文化以對抗農村衰落的趨勢糾纏在一起。簡單而言，民間傳統已成為利益協商、敘事衝突、新興價值和身份建構的複雜場域。

晚期社會主義的「超民俗」文化邏輯

如何理解當代農村文化生產涉及以上所述，由政府、知識分子、企業、農民、城市旅客共同形塑的歷史象徵、本真話語或民間展演？而隨着農村社群快速城市化，城鄉發展越斷裂，如何理解很多傳統信仰和儀式的指涉已不再存在，卻激發更蓬勃的民間傳統話語？受到鮑德里亞（Jean Baudrillard）「超真實」（hyperreality）（1988）

概念的啟發，我嘗試使用「超民俗」(hyper-folk)這一概念，來理解晚期社會主義情境下民間文化的實踐和再現。「超民俗」的前綴字「超」，帶出的是擬象的概念，意為「民俗」這符號不僅抽離於原始形象，其意義和傳播方式也超越了真實，而變成了別的東西。「超民俗」是再現及打造體驗的機制，既取代了農村現實，也讓農村現實被再符號化，建構出沒有起源的鄉土性。[12]

在延安多層歷史連結脈絡下，我認為「超民俗」的概念可以闡述當代民間文化的知識與實踐如何與國家宣傳、知識分子的干預、旅遊觀光奇觀、農村祭祖求神混雜在一起的複雜文化現象。透過「超民俗」的概念，我認為現今民間傳統的符號、話語和實踐，鋪天蓋地出現在政府活動、旅遊景點、知識分子寫作和大型慶典之中，不僅滲透在日常生活、公私領域、城市與農村的空間裏，也讓我們更難分辨媒體再現和原始正宗儀式的差別，或國家宣傳和民俗活動之間的差別。

其中最為明顯的例子之一，就是本文開頭提到延安政府為了攝影比賽而安排的腰鼓表演。現在延安腰鼓已經很少在農村演出了，因為村裏原先擔任鼓手的年輕人大多遷移到城市打工。但或許每個

---

[12] 鮑德里亞使用「超真實」的概念來描繪媒體氾濫的消費者社會，其中幻想和真實、真假事件、消費和生產相互滲透，難以分辨(1988)。鮑德里亞的理論對我們理解後資本主義文化現象很有啟發性，包括擬象、文化複製、媒體產業的「擬真環境」──如迪士尼的主題公園、頒獎典禮和電視實境秀。他說明了後現代的人如今生活在一個由真實、科技、虛擬佈景相互混合而成為現實世界的時代，且與前述種種建立起親密的關係。

延安村民都會觀賞《春節聯歡晚會》的腰鼓表演（春晚是由中央電視台製作的全國聯播電視節目，是許多中國人每年農曆除夕夜必看的「過年儀式」），且在農曆初七那天，上千名村民會聚集在延安市中心的主要幹道上，一同觀看延安政府舉辦的新年晚會，屆時還會有專業藝術團隊進行遊街形式的腰鼓表演。換句話說，如今的延安腰鼓表演已經脫離其原初農業脈絡與鄉土空間環境。今天，腰鼓是不同的媒介所傳播、展演及消費對象；腰鼓現場也不再是什麼農閒鄰里之間的互動，而更多是城市攝影師、遊客和政府官員的參與。與此同時，延安腰鼓表演是列入國家文化遺產與保護名單的熱門備選，來自城市的知識分子紛紛跑來探究這項習俗的歷史意義和表演形式，將其視為「亙古不變的傳統」。

因此，如今的民間傳統超越了在「真實」或「原始」農村背景下的敘事、信仰和實踐。在晚期社會主義中國的脈絡下，我認為共產黨政府基於政策目的而重組了民間傳統；商業公司為了消費目的包裝了民間傳統；城市知識分子為了文化遺產名單，浪漫化了民間傳統；而農村村民為了建構身份、重新打造社區，也大量重演民間傳統。民間傳統最終成為無所不在的符號。

在本書中，我認為「超民俗」是中國晚期社會主義時期文化生產的主要模式；在此模式下，民間起源話語、傳統重演、民間表演活動和文化遺產場所，已到了無人能區分原作和複製品、或真實和擬象的境界。「超民俗」呼應霍布斯鮑姆（Eric Hobsbawm）與蘭格（Terence Ranger）「發明傳統」的概念，是現代國家主義試圖將具有象徵本質的特定儀式和歷史、神話起源連結在一起，目的是建立社會

一致性或族群集體身份（1983）。然而，「超民俗」進一步將「發明傳統」的命題變得更為複雜——在延安，國家運用民俗形式的手段來宣傳政策，和鄉土社會復興農村習俗是相互交織的，結果共同促進一種以民間信仰維持農民感情和身份的「農村公共空間」（public agrarian sphere）的出現（Chau 2006），比如廟會或者民間藝術節等等。而在農村衰敗的時代，這種「農村公共空間」的意義就顯得更重要；「超民俗」傳統也觀察到地方政府角色的轉變，政府不再壓制「迷信的文化內涵」，而是將其轉化為更有用的資源，以打造地方經濟和廟會相關產業。

最後，「超民俗」能探討城市人往農村文化尋找民族本真這類話語的生產和具體實踐；也讓路易莎·沙因（Louisa Schein）的「內部東方主義」概念（internal orientalism）（2000: 100–131）有更多層次的理解。沙因提出漢人到少數民族地區旅遊經常把當地的女人、服裝、或者婚姻習慣建構為「他者」的異國風情，旅遊沒有深入了解這些文化內涵，通常是表面的消費，某種程度加深了漢人和少數民族的文化差異或者誤解。「超民俗」發現類似的內部東方主義的權力關係也發生在漢族的城市居民和農民之間，甚至存在於一些已經追求城市生活及職業發展的村民和留在貧窮偏遠內地的農民之間。而在近年保存民間剪紙這些農村傳統的呼籲背後，「超民俗」不僅引發城市精英重新想像、展示真實鄉土中國文化的焦慮和積極行動，也加強了村民之間為國內外訪客而再現自身傳統身份的意識。因此，「超民俗」在很多意義上使得中國社會內外現有的性別、階級、城鄉的不平等狀態固化，卻又使他們取得新的意義。

「超民俗」直指晚期社會主義文化政治的繁複場域，融合了傳統與政治、歷史與虛構、現實與再現、商品與自我再現，以及國家宣傳與民間自發活動；「超民俗」同時也符合共產黨政權挪用民間傳統的邏輯，城市知識分子想像文化中國的邏輯，資本追逐利益的邏輯，以及打造農村公共空間的鄉土邏輯。我認為上述種種之間的交匯和協商，恰好是今日民間傳統的生產形式，且是晚期社會主義文化邏輯的主要特色。

二十一世紀的延安

若說上世紀的延安和中國北方陷於饑荒、土地貧瘠、社會解體以及來自土匪的威脅，那麼我們可以說當代延安面臨的難題完全不同。今天的延安是管轄12個縣的「地級市」，兩百多萬人口；[13]但跟中國其他繁華中心相比差距甚遠。延安位於中國內陸中央，自1980年代以來一直被席捲中國沿海地區的城市和工業發展排擠在外，因此就商業化、城市化、市場化、外資投入、基礎設施建設和國內生

---

13 「延安」這地名及其概念歷史悠久。在明清時期，延安指的是陝西省北部的廣闊地區，俗稱「延安府」，包括子長、延川、延長、甘泉、富縣、志丹、安塞、固臨；1911年至1933年國民政府時期，延安府是直接隸屬於陝西省政府；中國共產黨在該區建立了蘇維埃政權，稱為「陝北蘇區」；1949年後，延安政府升格為「延安專區」，但在1978年後改名為「延安區」；1996年延安區重組為延安市，管轄12縣市。更多關於現今縣市的詳情，請參考延安市政府官方網站：http://www.yanan.gov.cn/zjya/yagk/xzqy.htm（最後瀏覽日期為2015年3月1日）。

產總值（GDP）而言，都遠遠落後於沿海城市。[14] 2004年，延安市區仍遍佈國有企業、政府部門及許多共產黨領導人紀念故居；這些國企繼續為大多數的城市居民提供較為穩定和有保障的生活。在2004年底開始，中國政府提出發展中國共產黨相關歷史紀念地為主要旅遊景點，包括各個革命聖地，延安的「紅色旅遊」也隨之蓬勃發展，市區紀念景點的遊客人數逐漸增加，延安社會也開始轉型。同時，一部分的商人和政府官員也靠着地方石油和煤礦產業發展而暴富，社會經濟的差距開始冒現。

　　延安農村地區，跟擁有財富、社會福利和強烈集體感的市區完全不同，它是烏托邦的反義詞。但或許正發生在延安農村的一切，最能代表九十年代後期中國廣大農村開始虛空的情況：越來越多棄耕進城的農民工；中老年人繼續守着田地栽種大麥、小米、馬鈴薯以填飽肚子，種植蘋果、梨子、桃子以換取少量現金；農村裏到處是破敗的學校；農村小孩為了更好的教學資源開始大規模遷移到城市學校上學，村裏基礎設施建設不足，少有柏油路、天然氣和自來水；且農村的生活品質與城市有着天壤之別。大部分農村家庭過得十分節儉，雖有強烈改善生活水準的渴望，也只停留在想盡辦法勉強糊口的水平。

14　　舉例來說，2004年延安的國內生產總值為190億人民幣，市區居民的可支配年收入是每人6,334人民幣（延安年鑑編委會2005: 87），而農村居民的可支配年收入為每人1,953人民幣元（延安年鑑編委會2005: 158）。同一年位於中國南方的沿海城市廣州，國內生產總值為4110億元（廣州年鑑編委會2005: 43），市區居民的可支配年收入為每人38,053元，農村居民則為16,788元（廣州年鑑編委會2005: 454）。

2003年和2004年，延安農村地區充滿各種焦慮及騷動不安。為了減緩水土流失和沙漠化問題，政府施行「退耕還林」政策，禁止人民耕種梯田；剛開始那幾年村民雖獲得賠償，但他們擔心這項禁令最終會讓穀物市價飆漲，大幅影響他們的生計。同年差不多的時期，「沙士」（SARS，嚴重急性呼吸系統綜合症）在中國爆發，世界衛生組織發布了全球警報；醫藥設備不足、飲水資源短缺、衛生體系又完全不同的延安農村村民，僅能靠封閉村莊入口，繳交自養的家禽給鄉政府作為對抗疫情的方式，但事實上家禽與疫情根本無關。

在莫家溝村，也就是我進行田野的第一個地方，村民的生活壓力遠超過我原先的想像。看似和平、田園生活的表面下，滿是黑暗金權政治、幹部與村民之間的衝突，及以利益為優先考量、焦慮不已的小農戶。2003年，莫家溝一座小橋終於搭建完成，接通了村民位於河岸兩端的住處和農地，這項用意良好的造橋計劃卻有個戲劇性的結局：超額的開支，村領導與建設公司之間利益輸送，相關村領導最後被判入獄（Wu 2007）。當莫家溝村村集體仍在設法還清此建設項目帶來的債務之際，延安市政府卻宣布將要挪用村莊農地，為黨校（共產黨的幹部培訓學校）修建全新校區。這不但意味着小橋白建了，更糟的是政府徵地沒有跟村民協商也未留有任何折衷的餘地，大家都感到十分委屈不滿。村民要如何獲得補償？跟地方官員打好關係對農作物損失賠償會有幫助嗎？沒有了土地，村民要怎麼辦？

「沒人管！」村民怨聲載道。但大家沒有時間抱怨，都忙着繼續種植更多葡萄，挖掘更多水井，以「增加土地價值」，試圖獲得盡量多的賠償金。2004年夏季，為了加速穀物種植的周期，接待我的方

氏夫婦每天工作到半夜三更；有些人家提早規劃婚期、娶媳婦進門，以防萬一屆時賠償金是按人頭計算；有些人則採取其他不同的方法。但沒有人敢於商討集體行動的方案，可能這在中國其他地方早已證實是自尋死路。每個人對於農地即將消逝都感到非常恐慌，卻沒人敢出面反對這項政策。

我遇見的這些農村居民，與延安官方論述中那些政治覺悟高、英雄般的革命主體相反。他們面對強勢的政府時，只能消極的應對霸道的國家政策，在市場化改革的浪潮裏，他們想盡各種辦法將利益最大化；他們採取的策略，包括在官員中找熟人，談條件，依賴個人關係網絡，是農村社會的典型現象，但由於當時沒有統一的標準來使用農村資源及補助農民，因此造成諸多基層官員貪污和嚴重的社會不平等。

對莫家溝的村民來說更是如此，他們面臨的挑戰不僅是市場化和城市化的影響，他們失去農地的直接主因是以支持革命傳統為名的國家極權。弔詭的是，延安愈是被捧為革命聖地，延安村民的生活常態就愈跟革命傳統割裂。隨着土地被強佔及城市化的巨大威脅逼近，民間傳統復興卻成為農村生活不可或缺的部分。

我將在本書接下來的章節中說明，村民尋求民間話語及實踐以面對農村快速變遷；同時，為達到政治、經濟和治理目的，地方政府也視民間文化形式為有價值的資源。民間傳統作為新的商品和文化遺產形式，吸引了知識分子、藝術家、地方企業家、政府、甚至農民，共同思考與尋找在大規模城市化過程中不斷轉變的中國文化和傳統意涵。而在所有這些情況下，民間傳統都是不同勢力協商與

競爭的主要場域，當中折射出中國晚期社會主義現代性及其帶來的種種問題。

田野、研究方法和章節介紹

　　許多人類學家通過家人或親族關係做田野調查，跟他們不同，我在延安做田野的關鍵在於接觸不同地方團體，參與各種地方事務（圖0.3）。我的香港人身份常讓延安居民有種不尋常的「異國熟悉感」（Liu 2000）。大家對於1997年香港回歸都有印象，但除了某些官員外，我訪談的對象幾乎都沒去過香港，更無法想像在英國殖民統治下的生活，他們會對我的香港人身份產生好奇，甚至有時是愛國主義心態，並由此開啟對話。

圖0.3　莫家溝村一戶人家住的窯洞

因為透過熟人轉介我認識了在西安市婦聯（中華全國婦女聯合會）工作的李莉，在她的幫助下，2003年夏天我得以首次拜訪延安；1973年，她作為知青下鄉到莫家溝村，返城後在婦聯工作。後來婦聯的扶貧計劃資助莫家溝方家的小孩上高中，因此李莉與方家熟識，她介紹我認識方氏夫婦。剛開始，方家款待我是為了回報李莉的幫忙，這也是一種跟城市人維持關係的方式。基於禮節，莫家溝村領導、前任村黨支部幹部和婦女主任都來跟我見面，回憶毛澤東時代參與的政治會議和生產大隊的經驗。剛開始，我的香港人身份以及跟下鄉知青的關係，讓大家覺得我是個相對可靠又有趣的訪客；但過了一陣子，村民覺得他們說得差不多了，我得到的回答愈來愈多都是：「就是這樣了。」原先有村民把我當成記者，期待我能為他們曝光政府挪用耕地，後來發現我一點媒體用處都沒有，就不再理我。最終，我在探查延安當地不同民間文化的話語和實踐時，遭遇到了其實也是所有田野工作者面臨的共同困境：能被觀察、描述的現實世界，如物件、劇場或文本根本就不存在（Clifford and Marcus 1986: 10–11），田野永遠是充斥多重分歧敘事及不同立場的場域（Rosaldo 1985），超越事先撰寫好的「已知」研究問題。田野工作不是驗證假設的過程，而是人類學家和「田野訪談對象」（informants）發展一套共享象徵符號和互為主體關係的過程（Rabinow 1977）。

　　我在延安市、延安北方的莫家溝村、安塞縣曹莊村以及延川縣的延川鎮和小程村，共進行了12個月的田野調查。2008年我重返這些地方，並在2008年、2010年和2012年期間往來延安、北京兩

地，完成對藝術家、知識分子的後續訪談工作。英文版出書後，我也持續每兩年回去一次。而我的民族誌身份，也時常得在面對不同社群、關注議題和新的情境時有所改變。

莫家溝村的方氏夫婦對我疼愛有加，不但給我提供溫飽，也讓我「幫忙」農活。我在冬天修剪山頂上的杏樹、蘋果樹和桃樹；劈下數百根玉米稈餵食牛群，也跟着方阿姨到鄰近村莊販賣蔬菜種子；春天，我花大量時間跟種葡萄、挖水井、收割田裏作物的村民們聊天，聊未來他們沒了土地要怎麼辦；我看着方叔叔在延安市不同的市場花上好幾小時，擺攤賣菜。所有這些經歷讓我能深入黃土地，能正當地進到村民家的窯洞中，了解他們的方言，聽他們分享日常行程、工作和家事，並感受城市和農村生活的截然不同之處。

就在我疲累不堪又對於如何繼續做田野毫無頭緒時，莫家溝村領導因為信任我，讓我跟着村民一起尋求法律援助，以解決村莊背負的龐大債務問題。我們拜訪了不同的政府部門，卻一無所獲。這個過程讓我進一步了解村民面臨的難題：政府在人們最需要它強力介入時缺席。本書第三章即是關於陝北民間說書人如何填補了孤立無援的農村社會的空缺，村民積極通過民間說書反映新的慾望和種種問題。延安民間說書表演的特殊之處，在於大多數說書人在毛澤東時代幫忙宣傳黨的政策；今日他們繼續「下鄉」，既非主要宣傳國家政策，也沒有廣泛表演說書，而是將表演轉化為不同形式的宗教服務。第三章呈現的就是國家宣傳和民間文化傳統兩者的當代形式和內容，如何繼續相互交織糾纏，卻又同時因激進的詮釋而轉變。

同時，基於對我的信任，方阿姨帶我參加了一場秘密治療儀

式，並告訴我當地對巫神的信奉；方阿姨的姐夫透露了一個「公開的秘密」（Taussig 1999），大家都知道莫家溝村有個神秘的巫神信奉群體。本書第五章的內容，即是檢視在農村變遷的背景下，巫神作為公開秘密的特性以及廣受歡迎的原因，也探討神明崇拜作為強大卻隱而不宣的形式，其相關知識、社群連結和信仰服務如何在延安農村廣泛流傳。我並不認為巫神是對政府的一種抗議形式，或是被壓抑的傳統。反而在我看來，延安的巫神現象是一種重要的民間文化話語，由地方知識、符號和技術構成特定的體系，進而生產出我所謂的「代農村主體性」（surrogate rural subjectivity）這概念。在快速城鎮化的過程中，巫神崇拜為消逝的農村社會關係、民間價值和儀式記憶，提供了自我表達的機會。

在延安市區和農村地區，我出示北京一個教授的推薦信，得以遊走在地方政府部門和國有企業之間；信裏表示我是香港來的學生，想在該區域做「社會調查」。每抵達一個村子，都會有人要求看推薦信，有時會要求我出示香港身份證，村裏的幹部在看了信後都會盡量滿足我的需求，譬如安塞縣文化館就讓我跟剪紙藝術家住在一起，曹莊村的領導則讓我參加村裏的祈雨儀式。

這份推薦信證明的不僅是我的研究者身份，更是我的單位身份的象徵，每個人都能透過信將我歸類為屬於某個工作單位的人。「單位」定義的不只是職工的職業，還有他的經濟、社會和政治背景。今日，政府相關工作單位仍將職工與特定的住房、子女教育、醫療福利和更好的津貼綁在一起（Xie, Lai and Wu 2009），單位也是職工跟國家政策和意識形態相連的主要空間和結構。

這使得民間說書在當代延安更充滿趣味，因為說書表演常常發生在與單位相關的場合。在延川縣，我取得了說書隊的信任，跟着他們到不同工作單位演出。第四章即檢視了不同政府工作單位或國有企業，出於公關目的安排民間文化表演。我認為現在的民間傳統生產與單位的商業宣傳密切相關，但卻鮮少有研究關注探討這項主題。

　　方氏夫婦在村內外皆盡其所能款待、支持我。後來在2004年春季，我的田野工作轉移到延安市區，由范阿姨接待我。她在1973年和婦聯的李莉一起下鄉到莫家溝村當知青。我們認識時，她在國有企業已是半退休狀態，女兒也已長大成人。她對我很好奇，像我這樣在美國唸書的香港年輕女性，怎麼會住過莫家溝村，又認識她30年前一起工作過的所有村民。她很熱情地分享她的下鄉經驗，最後甚至收留招待我，讓我成為她的家中一員。通過范阿姨和她在政府工作的先生，我因此有機會跟許多單位職工、作家、畫家、書法家、歷史學家和音樂家見面，他們隸屬於政府資助的不同團隊、文學協會和文化局。

　　城市裏的這個「文化圈子」對我研究延安民間文化生產極為關鍵。舉例來說，曾在延川縣文化館工作的知名音樂家、學者兼教育工作者曹培植，就向我提供了不少信息。2004年他辦了一所藝術學校，平時寫書、創作劇本、編曲，甚至管理一家陝北仿古裝潢、以窯洞為主的度假酒店。跟這群城市知識分子和「文化創業者」深入交流，我收穫良多，更了解他們如何參與文化旅遊產業的資本運作以及延安歷史文化的新興話語生產。

2004年夏季，我跟中央美院教授靳之林和延川的板畫藝術家馮山雲教授認識，他們兩位是小程民間藝術村的靈魂人物。2003年至2005年期間，剪紙申請列入聯合國教科文組織（UNESCO）非物質文化遺產名錄時，小程村是主要的申請地點。那時我以翻譯的身份，陪同來小程村一探傳統中國風貌的日本和西班牙旅行團。我很驚訝地發現，脫貧、復興傳統、發展旅遊業和社會組織工作在這個農村社區中相互碰撞衝突。第二章記錄了小程村如何被打造為傳統的載體，以及剪紙習俗如何被打造為非物質文化遺產的過程。我認為，遺產申請的過程在中國是一場「敘事之戰」，當中各方人士對「歷史」和「傳統」建構出非常不同的意義。

　　離開延安後，我重新閱讀並詳細分析在現代中國不同的時期裏，城市知識分子有關延安文化傳統的書寫，試圖梳理民間傳統文化邏輯如何與民族主義者或知識分子相互結盟、衝突或分歧，及其如何與社群、資本力量交織在一起。第一章即以剪紙為個案研究，描繪民間剪紙為何總是成為知識分子在民族未來、農村意涵甚至婦女解放的議題上表達意見和進行辯論的場域。結合歷史和當代民間剪紙知識再現，以及對延安女性藝術家的民族誌田野研究，該章呈現政府議程、全球資本價值體系和地方傳統力量的相互作用（Tsing 2004）。

　　2008年、2009年及2012年我皆再度回到延安更新田野資料，記錄新的變化，繼續跟被訪人保持聯絡，我們已經變成要好的朋友，甚至像家人般親密。如前所述，我做田野的方式為非正式訪談及日常生活對話，並在多方地點進行田野研究，而非聚焦在單一地

點的單一團體。根據人類學的書寫傳統規範，除了知名公眾人物外，文中提及的個人皆使用化名；而在本書各章次序安排上，討論歷史較多的章節安排在前，而近年的變化則放在後面。

第一章

現代中國剪紙：
追尋現代性、文化傳統及女性解放

> 姑娘小剪手中拿，煤油燈下剪窗花。
>
> 窗戶陣地咱佔領，資本主義掃出家。
>
> 姑娘小剪手中拿，煤油燈下剪窗花。
>
> 小剪剪碎舊世界，心中裝着亞非拉。

靳之林　作於1976年（張同道2009：38）[1]

　　2004年夏季，我拜訪了時年70歲的高鳳蓮——中國最著名的剪紙藝術家之一。她是個能幹的農村婦女，擔任過民兵連長、村婦女主任及黨支部書記。從1980年代晚期高鳳蓮開始剪紙，她極具天

---

[1]　靳之林於1976年在延安吳起縣寧家灣村教導農家婦女學習美術時，創作了這首詩，學生當場詢問靳「亞非拉」（亞洲、非洲與拉丁美洲）的意思。聚會結束後，這群學生決定剪幾百張窗花，給群眾拜年（張同道2009: 37–38）。

分，常常把民俗知識、傳說和地方故事融入作品中，很快就成為知名的剪紙藝術家。自1990年代中期起，她便常常出現在中國電視節目中，聯合國教科文組織稱其為藝術大師，她的作品被世界各地的博物館收藏，有專題文章、作品集、回憶錄以及個人網站介紹其生平與藝術作品（黑建國 1999; 劉鳳珍 2003; 周路 2005）。[2]

　　高鳳蓮住在延安地區東部延川縣白家塬村的一座山頂上。我從延川縣出發，沿着黃土高原峭壁邊的小路，騎摩托車大概一個小時才能到達。在高鳳蓮家的窯洞外有一大片土地，種滿了蘋果樹、杏桃樹、葡萄、番茄，還有陝北的主要農作物小米；她80歲的老伴正在照料心愛的騾子，在延安地區這種馱畜已因交通的改善而幾乎銷聲匿跡。窯洞內，高鳳蓮在坑上攤開她的剪紙作品，娓娓道來每一件作品象徵的意義：蛇或蠍子的圖像，是讓小孩子在端午節時掛在身上避邪用的；掃天狀的紙人，是希望天晴；「蓮生貴子」則是取「連生貴子」的諧音，也是祈求名利雙收的意思（Wachs 2004）。每次我都對這種圖像化的雙關語、謎題和象徵意涵讚歎不已，剪紙藝術家會進一步向我解釋這些圖像如何跟農村的語言、生活及農民的渴望產生連結。而我每次拜訪剪紙藝術家的家鄉，都會對現代中國的文化、性別、歷史與國家之間錯綜複雜的關係及其層層堆疊的歷史意義多一點認識。

---

[2]　高鳳蓮的個人網站見 http://gaofenglian.com，最後瀏覽日期：2015年5月。

傳統、性別與現代性的問題

民間傳統、性別與現代性的問題是學者長期以來研究的主題（Chatterjee 1993; Mani 1987; Schein 2000）。文學理論家費爾斯基認為將傳統、農民文化和女性，與「大地之母」(Mother Nature) 及經久不衰的「傳統」相提並論，是十九世紀現代西方思想和社會理論的重要元素，也是在各種科學 (達爾文進化論)、人類學 (野蠻人的定義)、歷史及文學作品中一再出現的主題。比如說，在這些著作中，東方哲學、宗教和農民文化經常被想像為永恆不變的真理和神聖的權威。費爾斯基認為，農村傳統與女性特質象徵一種延續性的、未曾斷裂的現代身份，主要是因為它們提供了「另一種選擇或者本真精神的來源，可以對抗以進步為導向的、理性的以及物質主義至上的西方」(Felski 1995: 136)。同樣，在 *Minority Rules* (2000) 一書中，人類學家路易莎・沙因也提出類似的說法，她發現在中國的主流文化中，少數民族的婦女 (及她們的服飾與歌舞)，常常同時被再現為土著的、異域的、近似自然與稚氣的象徵。沙因提出媒體再現這種把農民民俗與漢族之外少數民族的相關習俗視為中國傳統的守門人，其實是一種漢族城市現代人的視角，暗示了漢族的、城市的優越性，同時也暗示了少數民族落後的文化與經濟。

事實上，所謂傳統、農村及女性特質並非具有原始和先驗意義的實體，它們的意義是與「真實的起源點」、「神話般的存在」或「永恆不變的象徵」等敘述連在一起時慢慢獲得 (Felski 1995: 37–38)。而

民族主義的話語尤其推崇守護這種傳統、作為民族本真的意義，用以建構追尋現代化巨變過程的一種穩定核心。人類學家拉塔·曼尼（Lata Mani）研究印度在建構現代化的民族國家時發現，傳統、性別與現代性的敘述都是民族主義話語的重要元素，如何規範女性的行為或者性道德開始與國家傳統的守護或終結相關聯，而男性總是被預設為追求國家進步和現代性的主體。一言蔽之，性別，傳統和民族國家的話語息息相關，審視傳統敘述有助我們了解民族主義話語的建構和邏輯（Ong 1990; Mani 1987; Yuval-Davis and Anthias 1989; Chow 1991; McClintock 1995; 355; Meng 1993）。以下我將呈現延安剪紙在民間文化敘事中主要的性別意象，以及在幾個不同時代中，城市知識分子如何敘述剪紙來表達傳統的主張，以及對民族國家未來的想像。

延安剪紙

剪紙習俗在中國存在已久，不僅只有女性從事剪紙，也不僅存在於農村地區，考古證據顯示，剪紙最早可追溯至北朝（公元386–581年）（張道一 1980：7）。傳統剪紙（在延安地區通常也被稱為「窗花」）約莫為一個手掌大，是用剪刀在紅紙上剪出圖案後，再貼到木頭窗櫺糊着的窗紙上，作為裝飾用（圖1.1）。剪紙圖案多象徵豐收和吉祥，在婚禮或新年等節慶時非常受歡迎。今天，剪紙也是藝術創作的一種形式，有各種不同的尺寸。福建泉州、廣東佛山、江蘇南

圖1.1　窯洞木窗上的傳統小型剪紙

京、河北蔚縣、山東高密以及山西呂梁的剪紙習俗皆遠近聞名。[3]在這些地方，有的是工廠大批量生產剪紙，有些是專業的男性工匠用刀子而非剪刀製作，有的也是農家婦女的手作。

　　延安剪紙，有時也被稱為陝西剪紙，在中國具有獨特的地位，因為延安是中國共產黨領導人開始書寫、改革並重新塑造剪紙這種傳統文化形式的地方，從而達到抵抗日本侵略、贏得民心、傳播革命思想的目的。1949年後，工廠大量生產剪紙，作為報紙、故事

---

[3]　關於不同地區的剪紙主題、特色及風格，請參照王伯敏（2006）。

集、賀卡和兒童電影的插圖，也作為海外展覽使用——這些都用來宣揚新政府下農民的幸福生活（Wachs 2004: 16–17）。[4]在延安內外，剪紙都成為富饒、現代以及在共產黨統治下人們過着更美好生活的象徵。

延安剪紙在傳統和現代化的辯論中也佔有獨特的位置。自1980年代起，延安剪紙成為民俗研究的主題（忽培元 2000; 潘魯生 1992, 1999; 張道一 1980, Zhang 1999），但最重要的是成為歷史的載體（安塞縣文化文物館 1999; 靳之林 2001, 2002）、社會與人類學方面的研究議題（陳瑞林 1992; 李綿璐 2003; 方李莉 2003; 喬曉光 2005）。今天，延安剪紙仍然作為重要的文化形式，在國家重要慶典及外交場合等頻頻出現，比如1995年在北京召開的第四屆世界婦女大會，以及2008年北京奧運會。

然而在中國內外，剪紙幾乎被特定視為或簡化為一項歷史悠久的傳統習俗、家庭手工及民間文化。作為民俗和女紅，剪紙常常被當成一種「本真的」中國文化。2006年，剪紙提升為中國非物質文化遺產，並且成為黃河文明的標誌。但是，剪紙與社會主義政治權力、中國知識分子的文化關懷、現代文化治理之間的關係，至今尚未有人進行系統性的分析研究。

本章對剪紙作為典型女性傳統文化形式的假設提出質疑，以杜

---

[4]　陝西剪紙或延安剪紙常見的是有着橢圓形大眼的側臉肖像。其圖案與鏤空的部分保持一定平衡，內部用流蘇、環狀、三角和月牙的形狀來裝飾（Wachs 2004: 17）。

贊奇「本真性秩序」的概念來檢視這項習俗（1998），梳理出剪紙如何成為一種永恆不變的民俗及對理想化的過去的懷舊哀悼。杜贊奇指出，「本真性秩序」通常頌揚民間、母性、少數群體或大自然，肯定其為「現代性中傳統的靈魂」，卻也選擇性地強化了這些類別的特定圖像或元素，剪紙即為一例。我也審視中國男性知識分子如何在不同時期討論剪紙的文化形式，其實借剪紙同時討論國家現代化發展和文化根源。

在本章中，我探討剪紙從農村習俗轉變為國家遺產的過程中所產生的種種變化。通過追溯參與這一過程的各方人士、各種辯論及主題討論，探討剪紙如何被納入關於傳統文化、現代國家以及這兩者之間關係的討論中。在本章將要討論的各個歷史時期裏，剪紙捲入幾個新建的話語空間：在延安時期，剪紙是用來推廣現代新生活的傳統形式；在1980年代是復原失落的中華文明的場域；在1990年代是城市對消逝的傳統儀式和習俗的懷舊情結；而在2000年後則代表資本、利益和個人的成功。換句話說，剪紙不僅是中國傳統的象徵，更是現代中國各種慾望及願景的象徵符號。

本章並不僅僅將剪紙視為當代政治挪用的對象或國家宣傳工具。通過追溯延安剪紙被有限重構的文化歷史，我發現一些它與現代國家的政治歷史不一致的邏輯：剪紙作為民間地方知識和農村社會的儀式精神力量，城市知識分子重新發現並述說這樣的民間知識，以及剪紙的當代發展和市場價值。這些邏輯顯示現代中國政府、城市知識分子和農村實踐者如何持續處於緊張並互相角力的關

係中。最後，藉由分析這項習俗被賦予不斷變化的意義，我將農村文化、政治挪用和中國傳統視為在不同歷史脈絡中被刻意製造、相互競逐的概念，而非理所當然的存在。我將深入探討這些概念。

根據已出版的著作，以及我對不同的剪紙藝術家及相關的知識分子的田野觀察和訪談，我將呈現剪紙在延安地區四個時期的輪廓：1949年之前、改革初期（1981年），1980年代中期及2000年後。我在2004年及2008年進行民族誌田野調查，期間我和延安市安塞縣及延川縣的剪紙藝術家待在一塊，向他們深入了解剪紙。我也在延安和北京對重要的城市藝術家進行深度訪談，他們過去幾十年來都在教授並書寫延安剪紙。綜合歷史記載、民族誌經驗和訪談資料，本章將對剪紙作為村民日常生活的一部分，也作為中國現代性和傳統被構想的場域，進行探究。

延安時期的剪紙文化（1937–1947年）

1942年，毛澤東發表《在延安文藝座談會上的講話》（Mao 1965），要求城市知識分子下鄉去「觀察、體驗及研究」社會大眾，「批判地吸收」西方的文藝作品。他提出，文學與藝術要能反映出人民群眾的生活，並能在陝甘寧邊區宣傳中國共產黨的理想和政策，而非為了滿足那些資產階級的志趣。在這樣的背景之下，城市知識分子首先在延安地區開始學習剪紙。本節主要討論由共產黨資助出版、艾

青[5]和江豐[6]編選的第一本剪紙作品集——《西北剪紙集》(1949年)，這本書提供了非常重要的洞見，讓我們一窺早期共產黨知識分子如何理解延安地區的民間文化形式，並持續影響毛澤東時代及之後的年代。

艾青是著名的詩人，江豐是版畫家，兩人都是共和國藝術領域的權威，也都曾前往延安地區參與左翼美術運動，1949年後在共產黨政府成立的藝術學院擔任重要職務。在延安時期，艾青是華北聯合大學文藝學院的副院長，該校位於今天的河北省內；江豐則是延安魯迅文藝學院(簡稱「魯藝」)的講師。

為響應毛澤東的號召，艾青和江豐跟着其他來自城市的作家和

5　艾青(1910–1996)，當代中國著名詩人兼畫家。1928年他考入杭州西湖藝術院，後赴法國深造。1932年回到中國，加入中國左翼美術家聯盟，後來因為出版第一本詩集《大堰河》而聲名大噪。1941年艾青來到延安，成為《詩刊》主編。1945年，他擔任晉察冀華北聯大文藝學院副校長。中華人民共和國成立後，擔任《人民文學》雜誌副主編。1950年代，他認為國畫應與西方藝術融合，成為此觀點的倡議人。他和江豐是很要好的朋友，在1930年代初期曾一起在獄中服刑，四十年代晚期及五十年代初期一起工作。

6　江豐(1918–1982)，當代中國美術界最具影響力的人物之一。他17歲時開始參與左翼活動，1930年和其他左翼美術系學生一起，共創上海一八藝社研究所；在魯迅的建議下，他開始學習木刻及版畫技術。1932年加入中國共產黨，1939年成為延安魯迅藝術學院的講師，1949年擔任杭州國立藝術學院的副主任及黨委書記。江豐也是中國美術家協會及中央美術學院的高層人士，負責監製宣傳藝術作品。1957年的反右運動中，因認為西方油畫勝於中國古典繪畫，受到批判，並被解除所有職務、送去改造。江豐因他決不妥協的藝術理想而聞名，他認為西方繪畫採用解剖、透視與結構等等科學的方法，因此是反映現代社會現實與政治理想的最佳工具。

藝術家，如古元、力群等，一起離開學院去學習大眾文化，如剪紙、年畫以及各種民間文學和歌曲（Holm 1991）。他們的任務是創造出一種社會主義文化形式，能夠吸收當地文化資源，剔除所有被視為迷信、封建的元素，同時又要能吸引邊區廣大的文盲群眾。剪紙的線條鮮明，色彩亮麗，傳達出一種樂觀的情緒，因此與知識分子渴望呈現的邊區在共產黨統治下的和平、喜悅及豐饒的生活，不謀而合。

1944年，藝術家們把從各地蒐集而來的剪紙湊在一起展覽，編選為《西北剪紙集》（圖1.2）。[7]這本書可被視為一個關鍵文本，因為這是來自城市的共產黨知識分子第一次在社會主義、現代和寫實主義的框架下詮釋剪紙的意義。

在《西北剪紙集》的序言裏，艾青描述「下鄉」的情形，他與木刻藝術家古元、劉建章一同來到邊區的偏遠城鎮——鹽池、定邊、靖邊。在那裏，他們遇見了放牧人、蒙古人和一些住在鄉間莊院的富裕人家。艾青看到這些人家裏貼着剪紙，討要了一些帶走。他描述剪紙是「農村家庭的產物」，「沒有印刷條件處所的藝術品」，出自一般人手中，「大多由家庭婦女完成」。他形容剪紙創作純粹美麗，就像民歌般栩栩如生地呈現人民的感情、趣味和希望。艾青認為有些剪紙的確保留了一些封建迷信的元素，如龍、鳳凰、八仙；還有些

---

[7] 1944年，艾青寫了一篇〈窗花剪紙〉的文章，刊載於《街坊日報》（11月16日）。1946年，這篇文章再次刊載於周揚、蕭三與艾青等人的《民間藝術與藝人》，該書僅收錄少數幾篇文章。1949年，艾青與江豐重編這些文章，成為《西北剪紙集》，由上海晨光出版社出版。

圖1.2　《西北剪紙集》(1949)，封面圖案為剪紙作品〈餵雞〉。

樣式如「鹿御靈芝」、「猴子吃仙桃」等反映的是富裕人家的品味，缺
乏農家風味。不過整體而言，剪紙算是「最健康，最純樸的藝術」。
艾青特別讚賞蒙古的駿馬剪紙，靖邊的駱駝剪紙，因為這些表現了
農民仁慈、健康、喜悅的思想以及他們對於動物的情感。

　　《西北剪紙集》收錄了100個花樣，其中80個來自邊區，包括不
少傳統樣式如英雄、神明、護身符；其餘20款由城市藝術家（包括
古元、夏風、力群和張仃）結合木刻和剪紙的技藝創作出來。城市
藝術家先用木刻的方法創造出一種基本圖案，也就是將木刻圖案印
到紙上，再做成剪紙。這種揉雜的藝術形式稱為「木刻窗花」，基本
圖案包括「民兵」、「播種」、「新婚」和「學習文化」（圖1.3）；其中〈馬

上八路軍〉與〈編織〉這兩項作品，是李泉先在紙上擬好草稿，再由來自西北地區農村的年輕婦女牛桂英完成。這些新創的剪紙樣式顯示出知識分子對毛澤東文藝理論的回應，以及中國共產黨在延安地區欲呈現的現代生活。艾青在序言最末評論道，「我們的美術家們應該更細心的研究『民間窗花』，研究它的由工具和材料所決定的特點，捉摸老百姓對待物體的淳樸的態度，去了解老百姓的趣味。根據這些再加以改造，迎來描寫新的生活。」(艾青1949)

簡要而言，延安知識分子認為剪紙反映出「廣大勞動人民的思想與情感」，「呈現農民對於物體的最直接的印象，同時保有物體的主要特色」。艾青的寫實主義和對農村美學的推崇，需要放在更寬廣的背景中來理解，應該從1940年代中國共產黨意圖創造「農村文藝」的脈絡來看。相對於五四運動的知識分子認為農村藝術文化灰暗、貧瘠又落後，共產黨知識分子試圖通過民間文藝形式展現農村作為國家未來與希望的遠大美景 (Hung 1994: 266)。因此，共產黨知識分子對民間文化的重視，並不是為了找尋中國傳統的精髓，因而在這條探索之上他們必須要重新思考處理他們認為迷信又落後的民間習俗。此種探索通常只採用民間文化的形式，卻剔除了其深刻的精神內容。他們真正尋找的是一種可能性，能走向社會主義文化未來的可能性，這也說明了為何他們必須除去剪紙中某些較為「傳統」的圖像和象徵。矛盾由此而生：城市知識分子愈試圖通過民間文化創造一種新的社會主義藝術形式，就愈抽離於民間文化的脈絡、形式及內容。這種既要農村文化能「喜聞樂見」，卻壓抑其地方信仰知識的矛盾張力，一直到今天政府要挪用宣傳民間文化習俗時依然是一個問題。

圖 1.3　　木刻剪紙作品〈播種〉，1949 年由古元創作。

1970 年代末的剪紙

　　整個毛澤東時代，剪紙的基本圖案如花卉、動物、農業產品，出現在許多不同類型的政策宣傳媒體上。舉例來說，在延安地區，剪紙用於國家的各種社會和政治宣傳中。在六十年代的延川縣，剪紙用來激勵農業增產，七十年代則用來宣傳計劃生育政策（忽培元 2002: 242–244）。在黃龍縣，政府編輯了一本推廣農業的剪紙選集《大辦農業剪紙選》。1950 年到 1960 年代，著名的剪紙圖案包括「十樣果」、「運肥」、「家畜家禽圖」（王廷彥，楊永升 2002: 249–250）。雖然有些傳統圖案如十二生肖或者神話人物如孫悟空已經沒那麼重

要，但社會主義概念下新創的圖案和傳統圖案之間，卻有很大相似之處，兩者皆強調豐收美滿，也都會用誇張的方式呈現特定人物的面貌。

1958年大躍進期間，全國「農民壁畫運動」強化了藝術服務政治的政策方向，數千名美術老師和專業畫家下鄉指導工人、農民創作壁畫。這場運動的目標是鼓勵群眾學習藝術，歌頌集體化，同時也是對專業藝術家的再教育，要他們離開舒適的工作室，與農民、工人在一起。當時的宣傳口號如「幹什麼，畫什麼」，或是「生產到哪裏，美術活動到哪裏」，這場運動使得藝術成為促進國家生產的重要元素。[8]

大躍進結束後，農民壁畫運動逐漸消退，但留下了省級、縣級各種群眾藝術館這個體制，黨員出身的藝術家或美術幹部繼續在館裏開設的學習班指導村民繪畫；即使是在文化大革命期間 (1966–1976年)，只要有資源，各縣仍會舉辦美術學習班，讓工農兵階層接觸藝術。以延安吳起縣為例，1974年，在縣機械廠、縣民兵中隊以及金佛坪村、張關廟村、周灣村等農村公社皆設有美術學習班。在這些學習班中，工人或農民接受基本的素描、透視、剖面、陰影等技巧培訓 (張同道 2009: 33–34)，而受過培訓的村民則負責在村裏

---

[8]　1958年美術學校教育改革運動興起，是整風運動 (反官僚主義、反宗派主義、反主觀主義) 的一環，為響應此運動，官方雜誌《美術》以編輯部的名義發表〈與工農結合 —— 革命藝術家的必由之路〉。江蘇省邳縣的村民就以一個月內創作了兩萬幅畫作，贏得「壁畫縣」之美名。(陳履生 2000: 65–69；段景禮 1999)

的牆上或新建的水壩坡面上畫宣傳畫。雖然學習班的目的在於藝術服務政治，但也同時為村裏的普通群眾創造出獨特的空間，讓普通老百姓有機會免費接受美術培訓，並跟專業藝術家一起工作。然而諷刺的是，透過這些學習班課程，七十年代的城市知識分子也因此接觸到地方民俗，例如剪紙所包含的宗教主題與儀式性意涵，以及國家話語範圍之外的民間知識，這些我將在本節作進一步說明。

儘管四十年代的知識分子開始關注剪紙，剪紙也常常成為國家宣傳的工具，但卻少有知識分子膽敢關注傳統剪紙的封建習俗內容。事實上，文化大革命期間，連農家的剪紙花樣都是被禁止的。直到文革高潮過後，政治管制開始鬆綁，剪紙內部的民俗內容才慢慢重新出現。

1973年，來自北京中央美術學院的藝術家靳之林，成為駐紮在延安文化館的美術幹部；他在學習班認識了一名農村女性，並通過她開始認真了解剪紙藝術。[9]靳之林對剪紙知道得愈多，就對這種再現的藝術形式和其代表的意義愈發着迷。他開始向那位村民提出以前很少有人問到的問題。

---

[9] 靳之林出生於1928年，畢業於中央美術學院，油畫師從徐悲鴻與吳作人，國畫師從齊白石與李可染。延安時期他受到古元的啟發，自1948年起多次拜訪延安的黃土高原景觀。他最為著名的畫作〈南泥灣〉，是1961年受中國人民革命軍事博物館委託而作，該作品重現八路軍與延安村民共同合作開墾荒原的景象。但在文化大革命時期，靳之林被批為「反革命」。1973年，他擔任延安文化館的美術幹部，一做便是13年，這段期間他參與安塞縣農村剪紙大普查，自此成為中國民間藝術與剪紙的最重要的權威之一。

「為什麼〈二龍戲珠〉的剪紙圖案要在兩隻龍之間放一隻蜘蛛？」他在學習班上問學生。

「因為要取蜘蛛（珠）的諧音。」她回答。（靳之林後來描述為：「把沒意思的死的珠，利用諧音形象化為活的蜘蛛。」）

「那為什麼要把花放在公雞的背上？」

村民告訴他，這個圖案在陝北叫做「金雞探蓮花」，後來利用諧音發展為「錦（金雞）上添花」。如果把蓮花改成牡丹，就從原先的圖案創造出第二款圖〈鳳凰戲牡丹〉，帶有男女調情的意思。這款剪紙用神話裏力量強大的鳳凰，取代原先花朵圖案中的公雞，所以同時囊括了兩種吉祥圖案，表示對他人至高的讚頌，同時也是祝福新人早生貴子、美滿快樂（靳之林 1989: 179–190）。

靳之林和擔任延安美術幹部的同事猛地發現，民間剪紙圖案並非像四十年代知識分子宣稱的那樣是對現實的直接再現，而是充滿當地隱喻、儀式知識和隱晦的民間意涵。他們開始積極尋找剪紙樣式，後來的發現使他們大為驚奇。1978 年，安塞文化館的美術幹部陳山橋，走了 20 里（10 公里）的泥巴路深入安塞山谷裏的農村，遇見了一名非常有天分的女性──延喜芳，她展示了婆婆留下的許多剪紙樣式給他看。他回憶起那次的相會，說：「她把包打開以後，我們一看都是花樣子。當時對於民間美術還沒有那麼深的感受，但是對剪紙那種藝術感染力特別強，特別她跟我說這是一個老鼠啃瓜，這是一個蛇盤兔（圖 1.4），[10] 當時懵到那兒了。蛇盤兔、老鼠啃瓜我聽

---

[10]　這兩個圖案都是關於婚姻和性的委婉表述。蛇和老鼠是男性和陽具的象徵，兔子和瓜則是女性和子宮的隱喻。

圖1.4　剪紙圖案〈蛇盤兔〉，2004年由郝桂珍創作。

說過，我說能不能把這捐獻給文化館，給你雙倍的收藏費。她兒媳
婦說不，她說這是她婆婆留給她的想念，她把這個還想留給兒子，
留給孫子。」（張同道2009: 82）靳之林第一次看到〈魚戲蓮〉（圖1.5）
和〈老鼠嫁女〉剪紙圖案的時候，也有非常類似的感受：「我來延安
這麼多年，還沒有看見過這樣的剪紙」，「這裏面還有什麼故事嗎？」
（張同道2009: 91）。志丹縣文化館的美術幹部張永革共蒐集了約100
個剪紙樣式，他解釋道：「當時在我們搞業務的圈子裏面，尤其是靳
之林同志，當時對這個事情比較敏感。作為我們當時剛從學校畢業
的學生來講，完全是作為一種新奇，沒有從理論和實際意義上認識
到這個問題。」（張同道2009: 78）。張永革所謂的「問題」不是很明
確，但我想他指的是複雜的儀式意義、隱喻和象徵，以及這些在農

圖1.5　剪紙圖案〈魚戲蓮〉，2004年由郝桂珍創作。

村社會的藝術再現（王寧宇、黨榮華1988），對來自城市的美術幹部來說全都十分新奇。他們接受的教育是要將剪紙視為純真的農村文化，不然就是封建傳統的產物，而剪紙文化的豐富與深度讓他們感到驚奇不已。

延安的美術幹部與傳統剪紙樣式無法連結的主要原因，跟共產主義對這項文化形式的抽離挪用有莫大關係。自延安時期以來，政府挪用民間傳統文化已清除剪紙的傳統象徵意義。這同時也跟文化大革命有關，在文革時期，舊文化和舊觀念全都遭到嚴厲的批評，為避免不必要的麻煩，村民用紅紙替代剪紙來裝飾窗戶，許多女村民甚至完全停止剪紙（江豐1981：序言；馮生剛1989：231）。以至於到了1979年，一位名叫白鳳蘭的農村女性，仍在美術學習班上拒絕做傳統風格的剪紙，只因她曾做過傳統樣式而被叫上台批鬥，直

到安塞文化館館長出面，確保剪紙不會再帶來政治後果，她才被說服，繼續開始剪（張同道2009: 90）。

因着對剪紙創意所運用的民間隱喻、傳說、諧音和再現風格有了初步了解，靳之林和散佈在延安14個區、縣的美術幹部開始進行一項區域調查。結果顯示，安塞縣最為獨樹一格，總人口5萬人中有2萬名女性會做剪紙，其中1,000人「較有天分」，200人可視為藝術家，有40人達「大師」級別（靳之林2005: 36）。同時，安塞文化館通過舉辦更多美術學習班，將有天分的人聚集起來，鼓勵他們設計更多剪紙樣式，希望大眾重新燃起對剪紙的興趣。1977年到1980年間，延安地區針對民間剪紙舉辦了四項大規模區域調查和12次學習班，最後蒐集到8,000款傳統剪紙設計（安諸保2002: 237）。

1980年4月，位於北京的中國美術館舉辦民間剪紙展覽，展示從調查和學習班蒐集而來的最佳作品。這次國家級別的展覽可以被視為剪紙這項民間文化形式在當代發展的里程碑。這次展覽還出版了名為《延安剪紙》(1981)的作品集，其中包含了20款由早期共產黨知識分子設計的剪紙，這些剪紙最早收錄在《西北剪紙集》中(1949)。這次出版的剪紙集收入「抗日時期延安剪紙」這一章節。不過，正如該書編輯強調，1981年出版《延安剪紙》的重點是在美術學習班中新創造的剪紙，或在1977年到1980年間調查過程中蒐集而來的「傳統」圖案。

《延安剪紙》中有兩個主要圖案備受關注和討論，並持續成為延安剪紙最具代表性的兩個形象。第一款是抓髻娃娃（圖1.6），也是該書封面的圖像。就字面和圖本身而言，抓髻娃娃呈現綁了髮髻的人

圖1.6　剪紙設計〈抓髻娃娃〉，為《延安剪紙》（1981）的封面。

形。在延安地區，類似抓髻娃娃的剪紙設計常用在招魂儀式中，讓
嬰兒停止啼哭，或用來治療小病小痛。以前，這種世俗的象徵設計
從未被留意過。但是，女村民陳生蘭用一對公雞代替兩個髮髻，這
種獨特的抓髻娃娃剪紙設計在1977年吸引了延安美術幹部的目光。
學者認為，這樣的意象與商朝就已經出現的玉髮簪驚人地相似，後
者目前收藏於北京故宮博物院。抓髻娃娃剪紙和玉簪上都用一對公
雞取代髮髻，象徵生命和活力。這兩項再現都使用了公雞、髮髻和
吉祥之間的轉喻、諧音，都帶有「吉」之意涵。至少我們可以說，農
村婦女設計的剪紙竟與3,000多年前的古物如此相似，實在非常驚人
（陳瑞林 1991: 1; 胡勃 1989: 193）。

圖1.7　剪紙圖案〈牛耕圖〉，白鳳蘭作品，收錄於《延安剪紙》(1981)第33頁。

　　另一項引起全國關注的延安剪紙圖案是〈牛耕圖〉(圖1.7)，由農村婦女白鳳蘭製作。這幅剪紙描繪一棵大樹從牛的身體生長出來，樹冠是鹿頭及向外擴張的鹿角。這是白鳳蘭在安塞文化館學習班中所交的作業，所有人包括白鳳蘭自己都無法解釋為何這個圖案與「牛耕」這個題目有關。後來，人們發現這幅不尋常的圖案跟同樣被稱為「牛耕」的東漢(公元25–220年)墓碑雕刻非常相似，石碑雕刻上同樣呈現牛隻與鹿角擴張的圖形。歷史學家兼考古學家滕鳳謙解釋道，這兩個圖形有共同的主題，他解釋兩個再現都以雄鹿新長出來的角表達春天的到來，因此表示農曆之始；中國的農曆，是一種根據動物季節性的行為改變及植物生命周期的日曆計算，也稱「物

候曆法」。換句話來說，農村婦女白鳳蘭雖然不識字，她所設計的牛耕剪紙圖就是物候曆法的一種藝術呈現（滕鳳謙 1988; 靳之林 1989）。

可以說《延安剪紙》包含的作品重新定義了中華人民共和國民間文化和農村藝術形式。封底是靳之林所作的〈延安地區民間剪紙簡介〉，開頭描述延安為黃河流域中華文明的搖籃，形容延安位於仰韶文化（公元前5000–公元前3000年）、龍山文化（公元前2900–公元前2000年）及後來的的秦朝、漢朝發源之地。靳之林認為延安「由於後來交通的閉塞，地處偏僻山溝，較少外來文化影響，因而在民間藝術中保存下來古老的文化傳統和古老的民間習俗」（靳之林 1981: 193）。

從以上這個簡介來看，靳之林和其他城市知識分子、藝術家，開始透過連結剪紙與古代藝術形式的關係，建立一套新的傳統話語，並努力將剪紙置於民間經典或者一個和古代文明相連的框架之中。安塞文化館館長陳山橋在出版剪紙作品選集時也曾表達類似的看法，在描述剪紙風格時，他寫道：「它淳樸、莊重、簡練、概括，有一種內在的力量，保留了漢代藝術的深沉雄大的藝術特點」，因此「是研究我國北方民族文化與民俗的重要史料」（陳山橋 1989: 220）。在這個新的古代文明框架中，知識分子能以更寬容的方式對民俗的內容知識更深入理解，而不被批為封建守舊分子。

這些知識分子的努力沒有白費，延安剪紙開始受到重視，並登上國際舞台。1982年，延安政府派遣來自延安農村的李秀芳，到法國舉辦的國際勞動節展覽上表演剪紙。1985年，四名來自延安農村的年長女性 —— 白鳳蘭、曹店祥、胡鳳蓮、高金愛，受邀到北京的

中央美術學院教授剪紙（安諸保 2002: 237–238）。美術學院講師胡勃當時參加了這些婦女開設的課程，就將剪紙與中國民族文化連結起來，他認為：「有的人把民族文化藝術的發展寄託於西方，寄託於西方現代派，這也是自然的。文化的交流和融合，是促進藝術繁榮發展的必要條件，但缺少自己民族的精神是不能真正發展本民族的文化藝術的……我們自己若植根於民族民間藝術中，從那些用之不盡、取之不竭的藝術營養中，發揮我們的聰明才智，豈不可以出現更多的藝術大師嗎？」（胡勃 1989: 198–199）。

總體而言，《延安剪紙》彰顯出城市知識分子對於過去和傳統的理解有着截然不同的定位與取向。1980 年代早期的知識分子強調民間價值，說明剪紙不僅反映出村民的性情與趣味，同時也顯示被遺忘的古代文化傳統（黨榮華 1989; 胡勃 1989; 呂勝中 2003a, b）。

在此小節結束前，我想強調以下三點。第一，對剪紙重燃的興趣與熱忱，事實上出現在鄧小平市場改革之前的時代。美術幹部能夠下鄉調查、蒐集剪紙，也是因為有文化館和人民公社體系在背後支持，才能請村民協助調查，並接待來訪的美術幹部。此外，學習班成功的基礎來自於人民公社的彈性安排，給予出席課程的村民「工分」（公社計算勞動報酬的計量單位），使村民能免於生產勞動，也能以低廉的成本來舉辦課程（張同道 2009: 86）。

第二，這項創舉能如此成功的關鍵，或許就在於城市知識分子和藝術家給予村民全新的尊重。美術幹部將社會主義現代框架擺在一旁，用嶄新的角度來觀看傳統圖案，勇於發問；對村民來說，從擔心被指責、批評，到放下戒備去解釋這些圖像跟通靈治療儀式、

宗教慶典甚至當地的性隱喻之間的關聯。這些於雙方都是一個學習的過程。

　　民間藝術形式中兩性結合的圖像十分豐富，無論在儀式、家居裝飾及農民的宇宙世界觀中也佔有關鍵的位置（Bourdieu 1990: 272–280）。巴赫金（Bakhtin 1993）使用「怪誕現實主義」（grotesque realism）一詞來形容很多民間風格和原則，尤其是強調跟成長、妊娠、孕育、重生相關的身體器官和功能。同樣地，中國民間剪紙富含的兩性結合、人類繁衍、動物繁殖及豐饒大地等類似圖案，也表現出中國西北農民對於生育與繁衍的慶祝和渴求。有趣的是，資本主義和社會主義的美學都試圖宣揚禁慾傾向，去除民間文化的兩性象徵（Bakhtin 1993: 18–20）。就這層意義而言，美術學習班提供了特殊且較為開放的空間，讓來自城市的社會主義知識分子和村民相互交流。一方面知識分子採用全新的語彙，描繪尚未開發的民間農村社會意義和隱喻；另一方面，村民在分享地方知識、價值和想法之際，也受到更多尊重。

　　第三，雖然《延安剪紙》由延安美術幹部彙整而成，但卻是由江豐主編，原因是人民出版社只願意在江豐擔任主編的情況下出版。[11]二十年來一直處於政治邊緣的江豐，以中央美術學院院長、文化部特別顧問及全國政協委員的身份，重回政壇（Andrews 1994: 386–

---

[11]　根據靳之林的傳記，江豐在1980年中國美術館召開的關於剪紙的座談會上，聽到人們談論抓髻娃娃是生殖崇拜的象徵時，沒等發言結束便憤然離開，邊走邊痛斥道：「什麼生殖器！一派胡言。」（張同道 2009: 107）。

389），再次運用他在藝術領域的巨大影響力，重申「出於農家婦女之手的延安剪紙，幾乎全是勞動之餘的產物⋯⋯這類新內容的剪紙在藝術上還不夠完美，但由於人民的需要，它是有很大發展前途的，在不斷探索中肯定會日益成熟起來的」（江豐 1981：序言）。[12]

江豐的支持代表了官方對剪紙的立場，認可其為中華人民共和國的合法藝術形式，並促使共產黨政府重新思考中國傳統文化與歷史在新中國的位置。1940 年代，早期的共產黨知識分子試圖在邊區培養一種「新農村文化」，希望解決農村衰落的迫切問題，並以共產主義視角開展對鄉土的想像：熱情又充滿力量（Hung 1994: 266）。他們忽視剪紙與傳統歷史相連的圖像和主題，重塑剪紙為現代社會主義藝術形式，以凸顯中國共產黨與過去斷裂、為國家未來擘劃新路。

七十年代晚期的延安知識分子藝術家另闢蹊徑，靳之林和其他人傾向強調延安剪紙與古代文化歷史之間的關聯，力求證明延綿至今的民族文化並未受到社會主義時期的破壞。他們強調「深入民間」，合併「民間」和「大眾」兩種概念。這種合併讓他們能夠更多地探索民間藝術形式，而不被標籤為「封建」，從而也成功地將共產黨文化政策與傳統知識結合，而非一味貶斥後者。

自 1980 年代起，延安剪紙慢慢建立為一種「品牌」，延安民間文化在官方和商業描述中開始被形容為「地上文物」，被認為蘊涵豐富

---

[12] 「勞動之餘的產物」意味剪紙常常是在針線活或縫製鞋子等家務勞動後，利用剩下的碎紙做出來的。

的古代美學、考古及歷史知識，從而也引發了關於剪紙與古代文明關係的廣泛討論（黨榮華1989; 靳之林1989）。對剪紙的這種新的認識非常重要，它意味着作為激進政治力量、隨時能把文化轉為政治的中國共產黨，開始逐漸轉變；儘管過程並不輕鬆，但中國政府開始容許民間農村社會的邏輯與對民間傳統進行政治挪用的邏輯共存。

民間剪紙作為記載歷史文明的新範式

在整個1980年代，持有社會寫實主義理念的知識分子對剪紙的理解最終轉化為一種文化詮釋。《延安剪紙》出版後，著名民間學者及藝術家呂勝中在他的著作《中國民間剪紙》（1987）裏，重新呈現剪紙與民間文化的關係。[13] 呂勝中撰寫了十多本關於傳統年畫、剪紙的專著，近期又出版四本關於中國民間傳統的著作《再見傳統》（第一至四冊）（呂勝中2003a, b, 2004a, b），他主張勿從「表面形式」來研究剪紙（1987: 3），認為剪紙設計不是對真實世界的直接再現，而應從寓言或隱喻的方向詮釋其蘊含的意義。他舉了個經典例子來說明，

---

[13]　呂勝中出生於1952年，在中央美術學院讀研究生期間開始關注民俗藝術，他最重要的著作之一《中國民間剪紙》即為他的碩士論文，於1987年出版。這本著作引發全國關注，並使他成為該領域舉足輕重的人士。呂勝中目前任教於中央美術學院，他同時也是獨立藝術家，最具代表性的設計「小紅人」，靈感來自於抓髻娃娃的剪紙，曾在歐洲、美國、亞洲各國等世界各地展覽。他是當代中國使用民間傳説與題材創作的最具影響力的現代藝術家。更多關於他的出版作品及展覽細節請見百度（www.baidu.com）網站（最後一次瀏覽網站日期為2015年5月）。

有幅剪紙作品描繪兩名男子坐着抽煙斗，他們中間有個小孩也正在吸煙。起初他以為這是對農村日常生活的直接描繪，因為在陝北地區，小孩吸煙的現象很普遍；但後來有人告訴他這款剪紙叫做〈傳煙火〉，意為「傳宗接代」（呂勝中 2004b: 96），因此這款剪紙傳達的吉祥之意就是有福之家香火延綿。

呂勝中也許是第一位完全了解並整理解釋剪紙在各種儀式中廣泛用途的學者，包括在中國北方農村社會裏的招魂、祈雨和求晴，透過與護身符及（或）當地神明相關的轉喻或象徵語言來表意，剪紙在這種背景下特別蘊含多層次的意義。舉例來説，〈魚戲蓮〉的剪紙設計普遍出現在婚禮上，不僅模擬了魚和蓮的外形以暗示男女之間的性結合，同時也指涉魚的生殖能力，寄託人類繁衍的希望。同樣地，2003 年「非典」爆發期間，村民在門上懸掛牛剪紙，因為他們相信牛本身的保護力量能夠透過剪紙樣式釋放出來。這或許就是人類學家弗雷澤（James Frazer）所指的「交感巫術的接觸律（the sympathetic magic of contact）」（凡接觸過的事物在脫離接觸後仍然相互作用），（門上的）剪紙變成一道神奇的盾牌，保護人們免於外面的攻擊（Frazer 1911: 52）。

人類學對擬態（mimesis）的研究在這裏特別有用（Benjamin 1968; Caillois 1984; Taussig 1993）。在這些討論中，「擬態」一詞不僅是一種模仿，也是「一種行為，讓主體積極投身於把自己變成他者的過程，假扮成原作（the original）的角色、獲取力量，甚至對原作造成影響」（Taussig 1993: 45–46）。同樣地，剪紙的本質不是模仿，而是在物體與其視覺圖像、概念與符號、原作與複製品、人類與靈魂之間建立

起抽象的關聯。剪紙的力量遠超過僅僅複製表象世界，而在於協調現實世界的感官特質，及其與我們感知能力之間的互動。剪紙同時是一個視覺圖像、一件複製品，也是中國農村的一種精神力量，然而這些面向和力量在毛澤東時代是個禁忌，且遭到刻意忽略。[14]

這種對剪紙是民間巫術和儀式力量的重新理解，也產生一種對剪紙人的全新看法。在《再見傳統》（第四冊）（呂勝中 2004b）中，呂勝中認為農村女性是「是傳統民間文化最後的傳承人，她們代表着傳統鄉土中國把積澱千百年的文化傳統交給了現代」（2004b: 8）。她們不是文盲，也不是共產黨救贖論下的受苦媳婦，而是農村社會中和讓神明附身的通靈人溝通，以及日常儀式慶典的主辦人。正因為這樣，他認為在鄉間裏，女性村民特別具備傳承古代文化思想和歷史知識的能力。

呂對剪紙巧手的觀點肯定是對剪紙這種傳統的一個新認知，事實上，中國城市知識分子從1980年代晚期開始對民間剪紙文化賦予新的歷史任務，希望通過包括剪紙在內的各種民俗來反映中國文化傳統歷史悠久並傳承至今。在中國決定朝西方式的經濟發展看齊的同時，剪紙成為傳統文化的重要象徵。如同呂勝中在《中國民間剪紙》（1987）中所提：「我們民族文化的最高層次，也經歷了外來文化的強烈衝擊。在迎接這場文化上的挑戰之後我們得以全面的認識了世界，並冷靜地意識到：一個民族的文化，只有不追隨他人，方能

---

[14]　　各種吉祥圖案的意義，以及中國文化中的視覺、雙關語、圖形謎題、象徵意涵，請見 Murck and Fong（1991）與 Bartholomew（2006）。

取得自己在人類文化中的地位的。因此，對本民族文化的重新認識，成了一個十分迫切的課題。……眾多的藝術家把目光投向了民間。人們驚奇地發現，在我們民族的最深層，竟埋藏着如此博大的一個新世界。」（呂勝中1987：25）恰好在1980和1990年代，延安相較於沿海城市，仍屬於落後地區，延安剪紙特別符合知識分子渴望描繪中國悠久的歷史文化的心情。因此，諷刺的是，延安剪紙成為代表能夠保存傳統文化元素的本真空間，而不再是與傳統儒家文化斷裂的社會主義思想產物。由於獲得知識分子的高度關注和媒體的廣泛報道，延安剪紙自此之後吸引了成百上千來自全國各地、甚至海外的蒐藏家、藝術鑑賞家、藝術系學生、攝影家、記者、民俗學研究者和歷史學家，人們紛紛來到延安，希望能蒐藏、紀錄、學習，或只是想親眼見到剪紙設計。在整個1990年代到2000年後，一種認為農村代表真正的傳統領域，同時是未受到現代發展束縛的救贖之地的觀點，成為理解或重新發現中國傳統文化的新範式（靳之林2001、2002；李綿璐2003；喬曉光2004、2005）。

安塞縣的剪紙藝術家

剪紙傳承了歷史文明和古代信仰的觀點，不僅讓遊客着迷，也迷倒了人類學家。雖然受訪者不斷提起安塞離現代社會有多遙遠的笑話，我還是堅持通過新建好的高速公路前往安塞。車子離開城鎮中心後，就一直行駛在泥濘小路上，兩邊的丘陵上四處散落着窰洞。安塞縣被認為是延安的落後地區，2005年該地區的農民全年人

均收入僅為2,399元，而該年全國統計的農民年平均收入為3,255元。[15] 除了經濟邊緣化外，安塞縣也因貧富差距而被劃分為兩個截然不同的世界。自1990年代起，私人石油公司開始在當地發展，相關產業如運輸業迅速成長，加入這些新興產業的人們很快致富；但絕大部分的農村居民卻無電可用，也沒有電話和自來水，在2000年初期仍過着貧困的生活（顧浩：2003）。

2004年，我有幸跟53歲的郝桂珍住在一起兩個月，她是安塞縣文化館推薦的剪紙藝術家，剪紙作品可以參見《安塞民間剪紙精品》（安塞縣文化文物館編1999）。郝桂珍有張圓圓的臉，短髮，一雙帶笑的眼睛，額頭因陽光的長期曝曬而留下皺紋，50歲出頭的她已掉光所有的牙齒，塑膠假牙也不大合嘴，每次開口說話時都會移動，彷彿第二張嘴也想說些什麼，但無法出聲。2004年我到訪的第一天，她向我展示了她的那些滿佈精緻繡花的床上用品，以及許多剪紙花樣；然而，在接下來兩個月跟她熟絡後，我想在農村女性身上找尋黃河文明影子的天真期待很快就落空了。

郝桂珍跟其他20位左右的農村女性，都是1990年代安塞文化館學習班的學生。1993年，美術幹部來到她的村落，詢問有無「手巧的婆姨」，村民一致推薦郝桂珍。參加學習班可以獲得一份「工資」，作為她將農事和家事拋在身後的補償。事實上，她用「上班」一詞來描述在文化館學習時的經驗。郝說她是在家上班的「職工」，

---

[15]　安塞當地的統計數據請見 http://baike.baidu.com/view/975614.htm，以及全國統計數據請見國家統計局網站：http://www.stats.gov.cn/tjsj/ndsj/2006/indexch.htm（瀏覽日期皆為2012年3月16日）。

受僱來仿製1980年代著名的剪紙主題,如白鳳蘭的〈牛耕圖〉。她用「複製」一詞來形容自己的工作。這些著名剪紙的複製品被放在安塞文化館,出售給遊客。為應付對民間藝術的大量需求,安塞文化館有着製作剪紙小型工廠的功能,學習班結束後,郝桂珍便開始在家製作並銷售自己的剪紙作品,但因為她住的地方離城鎮中心很遠,所以沒有什麼客人(圖1.8)。

郝桂珍在文化館的經驗,正如王瑾對1990年後中國的文化轉型及生產的描述(Wang 2001)。王瑾認為1990年代的文化被重新建構為資本累積和利益保障的場域;同時,國家政府對於擴展和推廣文化的興趣逐漸濃厚,特別是能夠與地方名聲、品牌和產業相關的文化。1990年代,延安政府宣稱剪紙是古代文明的象徵,於是剪紙開始與該地區的旅遊業、商業和投資機會緊密相關。

在剪紙產業拓展過程中,政府利益、商業利潤和地方品牌相互交織,郝桂珍也許是個具有天分的藝術家,但她仍舊只是個窮困的村民,與延安發展中的城市和資本、文化旅遊帶動下的新世界相離甚遠。掛在她牆上的剪紙可能是學者眼中輝煌文明的活生生的證據,但即使她對我詳述剪紙的象徵意義,我仍覺得這僅佔她農村日常生活的極小一部分,也不具備太大意義。與她同住的期間,我明顯地感覺到她的經濟壓力很大,我們吃得十分簡單,通常就只有麵條和馬鈴薯。此外,郝桂珍也沒什麼安全感,常害怕有人會闖入她家,我後來發現她的焦慮來自於幾年前她丈夫過世,而她必須資助在城市唸烹飪學校的兒子。在農村裏,她背負着污名,是個經濟困窘的寡婦,未能活出她剪紙作品所代表的富裕和吉祥之意。

圖1.8　剪紙藝術家郝桂珍，在她裝飾着剪紙作品的窯洞。

　　自1990年代起，政府官方敍事開始沿用知識分子的話語，將剪紙呈現為一種「原始化石」，意思是農村民間文化蘊含早期文化發展的痕跡或「遺跡」，並開始進行商業活動。但若1990年代城市知識分子仍想透過剪紙這項藝術形式來尋找「真正的」中國文化，並為新中國描繪出嶄新文化路線的可能，那就會有兩個無法解決的問題。

　　第一個問題就是文化本身成為資本的傾向，這個現象在中國又被稱為「文化搭台、經濟唱戲」，意味着文化僅是個舞台，而經濟利益才是台上真正的主演。另一個問題是傳統文化習俗在快速城鎮化及農業衰落的背景下迅速消逝；在延安過農曆新年時，我幾乎沒看

到任何人掛「窗花」，因為紙糊的窗戶早就被玻璃窗取代了，除了以剪紙為生的人以及偏遠農村的村民外，幾乎沒有人再做剪紙了。此外，今天延安的女性也不再每天使用剪刀，因為衣服、鞋子和床單被罩全都買得到。除了遊客以外，很少人想要剪紙。

連中央美術學院非物質文化遺產研究中心主任兼教授喬曉光，在2000年初期的調查中也承認剪紙習俗及儀式慶典在黃土高原的快速消逝，即使他在《活態文化》一書中將這些稱為「民間活態文化」。喬曉光感嘆道：「在當今轉型期的中國，非物質文化遺產像退潮的大海，每時每刻都在迅速消失着。」(2004: 25–26) 更糟的是，他發現就連春節應該會有的最重要的儀式慶典，也幾乎蕩然無存，村民慶祝方式改為觀看政府主辦的電視節目——春節聯歡晚會，而晚會的特色恰恰就是全國各地的民歌和舞蹈表演。

知識分子雖然努力將剪紙與永恆不變的黃河文明聯結起來，但我對這項習俗的田野考察卻有着極大的落差。隨着千禧年的到來，農村地區沒有完全脫貧，卻開始迎接城市化。延安地區在2000年後更是加速城鎮化，延安剪紙跟古老文明的關係沒有完全解釋好，已經快速的加入到旅遊資本的開發和商業化的浪潮中。知識分子一邊感嘆田園風光不再，一邊竭力呼籲保存消逝的傳統文化。然而，在這些討論中，學者們因為欲將剪紙推上如聯合國教科文組織這樣的國際或全球文化平台，而無可避免地落入專業藝術討論和策略規劃中（喬曉光2004）。2006年，中國國務院終於將安塞剪紙納入第一批

國家非物質文化遺產名單中，類別為「民間美術」。[16]延安剪紙被列入2009年的第三批名單，不過類別為「傳統美術」。[17]知識分子一方面欲保存更多民族文化，卻抵擋不了巨大的城市化浪潮；另一方面渴望與世界舞台連結，但忽略如何更好地把扶貧、保護文化生態和地方知識等工作做好。這其中的種種矛盾相互交織。

但也許無人能否認，剪紙已進入「文化即資本」的時代，剪紙的設計、銷售以及在遺產名單上的排名，都與地方政府的旅遊產業收入、學者的研究經費和民俗商品的市場佔有率密不可分。

21世紀的剪紙

2004年7月，我在延安地區東部的鄉下小鎮延川，遇見一群都市打扮、帶着各種攝影裝備的人。這群人來自紐約的「長征基金會」（Long March Foundation），這個藝術基金會剛剛在這裏完成一項關於剪紙的調查，並搜集到超過10,000件剪紙作品。基金會主任告訴我，這項調查是為了策劃剪紙的大型展覽，包括2004年年底的上海雙年展、同年的台灣美術雙年展、2005年溫哥華美術館展覽以及

---

16   除了安塞剪紙外，還有蔚縣剪紙、豐寧滿族剪紙、中陽剪紙、醫巫閭山滿族剪紙、揚州剪紙、樂清細紋刻紙、廣東剪紙、傣族剪紙也在名單上，請見：http://www.ihchina.cn/inc/guojiaminglu.jsp（最近一次瀏覽網站日期為2012年3月16日）。

17   除了延川剪紙外，還有包頭剪紙、新干剪紙、旬邑彩貼剪紙、會寧剪紙也在名單上，請見：http://www.ihchina.cn/inc/detail.jsp?info_id=3361（最近一次瀏覽網站日期為2012年3月16日）。

圖1.9　　作者（右前）與剪紙藝術家、延安知識分子，圍坐在巨型剪紙作品
　　　　　上。

2007年在巴西聖保羅的展覽（圖1.9）。[18]

　　為了進行這項調查並說服村民貢獻剪紙作品，基金會招募可以
說當地方言的志願者。其中一位志願者叫劉潔瓊，是上文提到的剪
紙大師高鳳蓮的女兒，也是延安地區知名的剪紙藝術家（艾生

---

[18]　所有展覽都非常成功，2004年上海雙年展於9月舉辦，獲得媒體廣泛
　　　報導；同年11月，我在北京798藝術區見到這項展覽的特展，我的朋
　　　友在舊金山也看到同一項展覽。展覽中精彩的作品收錄於基金會目錄
　　　冊內。請見盧杰、董道茲（2004）。

1998）。[19] 2004年我初次見到劉潔瓊時，她在延川縣定居，先生是位生意人。

　　在農村地區進行了三個月的調查後，基金會的調查人請志願者團隊寫下他們的想法，作為展覽的一部分，也刊在基金會出版《延川縣剪紙大普查》目錄冊中（盧杰、董道茲2004），目標是在展覽中納入調查過程和經驗，包括各種困難、挫敗和開心之處。劉潔瓊的文章沒有被收錄在內，但她在委員評估會議上作了分享；後來，我幾次到她家拜訪，蒐集到她與其他志願者的文章，以及她本人對這段經歷的口述評論。

　　在剪紙普查的個人書寫中，劉潔瓊寫下她拜訪土崗鄉46個村落、五間學校共1,408人的經驗。「鄉」是中國每個省內最低一級的農村行政單位，在這些村落中，她需要先徵得村幹部的同意，將村民集合起來，說服他們貢獻自己的剪紙設計並填寫調查表。這個過程極其困難，村民對外來者的拜訪疑心重重，誤以為這份調查是由執行「獨生子女政策」的政府官員負責，許多村民躲避調查員，或拒絕

---

[19] 高鳳蓮之女劉潔瓊，1967年出生於延川。1996年她開始向母親學習剪紙，很快出名。1998年，她的第一套系列作品《劉潔瓊剪紙百牛圖》出版。她的剪紙作品多次獲獎，且被收藏於中國美術館及世界各地的博物館中，她也受邀到全國各地甚至海外示範剪紙。2010年，劉潔瓊、她的母親及她的堂妹三人作為延安最著名的剪紙藝術家，獲邀到新西蘭的學校，教導學生剪紙技巧、藝術及民間文化。該項活動訊息請見：http://big5.sznews.com/culture/content/2010-06/11/content_4668392_4.htm 以及延川政府網站的劉潔瓊簡介 http://yanchuan.678114.com/Html/wenyi/xiehuizuzhi/meixie/20080419EDFD6474.htm（最近一次瀏覽網站日期為2012年3月16日）。

被訪。此外，參與普查也無任何獎金，更降低了受訪者的意願。

　　除了普查工作十分困難外，最讓團隊感到困擾不安的就是該地區的貧困。劉潔瓊在文中描述樊家村村民「仍然生活在原始社會，非常落後」；當她在沙底村聽聞有人為了殺死蝨子，在自己的衣服上噴殺蟲劑結果被毒死時，她對這種「無知且蒙昧的方式」感到無比震驚。其他志願者也有類似的感受，有人提到發現村民除了西瓜皮以外沒有其他東西可煮食時，感到驚愕不已；另一個志願者說自己印象最深的是看見老婦人裹小腳（盧杰、董道茲2004）。

　　在普查過程中，劉潔瓊遇到四名會剪紙的少女，其中兩人的母親早已離開貧瘠的村落。劉潔瓊帶走她們美麗的剪紙作品，也想帶女孩到延川上剪紙學習班，但她們的父親及其他村民皆強烈反對。劉潔瓊這麼形容其中一位女孩的狀況：「她爸爸是榆木腦袋，就像魯迅筆下的閏土，[20] 在這樣的山村裏活下去，再聰明，再可愛的孩子也會變成一個木頭人。」後來，這四個女孩成功離開家鄉，來到延川跟劉潔瓊住在一起，她稱她們為「女兒」，教她們製作自己風格的剪紙作品。我沒有問她們如何適應新生活，但猜測這些女孩幫忙劉潔瓊的製作剪紙，以回饋她的教導。

　　從這個剪紙普查員的分享來看，除了得到一萬張剪紙外，可能得到的更多是某種文化衝擊的體驗，他們目睹延安農村邊緣地帶的家庭破裂、貧困不堪，普查團隊皆暈頭轉向、心情沮喪。舉例來

20　閏土是魯迅短篇小說〈故鄉〉中的角色，是個年輕有活力的男孩，擁有豐富的想像力和各種願望，但歷經經濟貧困、儒家禮教的不公義後，逐漸變得沉靜麻木不仁，就像無感的木頭人般。

説，劉潔瓊援引魯迅來描述該地區的經濟落後及文化固執，與1949年前的中國農村非常相似。但或許在調查團隊的感想中，最重要的是他們如何說服村民貢獻剪紙作品時所說的話。以下段落引述自劉的文章，我去延川拜訪她時，也聽她親口述說同樣的感受，她寫道：

「我給婆姨們講了許多開發黃河旅遊，搞活經濟，讓大家走上致富之路的好處，來咱們延川旅遊的人，看了乾坤灣，都到安塞去買剪紙……她們的剪紙是供不應求，這不僅是得到實在的經濟收入，更主要的是她們的地位提高了，不再生活得那麼低下，每天早起在山裏受苦，曬得像個黑茄子似的，回到家裏還照樣要推碾子拉磨，累得像個憨憨，甚至有的到了鬧離婚的地步，當這些婆姨學會剪紙後，一年收入上萬元，她們徹底解放了，反而從『孫子』變成了『爺爺』……我就開始講自己剪紙生活的經歷，以前是怎樣生活的，剪紙給我帶來多少好處，講得全是掏心窩的話，沒有這些閱歷，就體現不了人生自我的價值。不會剪紙，將來和你們生活的一樣低下，我現在名氣越來越大，活得也人模人樣。」

劉在鼓勵村民拿起剪刀時都提及事業的成功，個人的自由與機會。這些敘述在今天的語境裏理所當然，普通不過。可從當今中國關於發展主義和新自由主義話語來理解，可能會窺見連傳統民俗也開始與市場話語的激發自我潛能、累積資本等元素開始掛鈎。在農村地區，地方政府採用新自由主義的論述以達到政治或經濟目的已經不是新鮮事（Yan 2003），地方官員就常常鼓勵農村居民創業，或者鼓勵他們外出打工，成為有競爭力、有效率的市民，但卻忽略他們在城市面臨的結構性歧視問題。

然而在土崗村，劉既非城市知識分子，也不是政府官員，因此情況變得更為複雜。我想這個例子反而揭露了這樣的事實，即便同屬於延川的農村地區，鄉鎮居民與偏遠農村村民之間社會經濟狀況的落差也令人震驚。即使劉潔瓊自己也生長於農村，但她還是對土崗村的極度貧困與落後感到驚詫；這也使她更認定剪紙是向上流動的機會，並將這樣的機會與村民分享。然而，她的同情敘述只呼應了城市新自由主義的邏輯，強化城市美好生活（離開農村山區）的主流觀點，以及某種特定的生活方式（過着體面生活、不會弄髒或曬傷的城市人）。說到底，劉潔瓊的敘述顯露出今日民間習俗傳統的內在矛盾：村民必須離開自己的家鄉，運用自己的手藝製售民俗工藝品以擺脫貧窮。劉潔瓊對剪紙能帶來婦女解放的說法類似於早期共產黨推動社會平等的思想，但她所指的性別平等，已經不再依賴於革命政權對城市和農村之間的物質財富和價值的再分配，而是鼓勵村民參與由於城鄉斷裂而興起的旅遊產業，並以此來想像性別平等。

結語與反思

本章檢視自延安時期到 2000 年後，延安剪紙的多重實踐、意識形態及邏輯：剪紙不再是簡單的民俗，而是與各種國家主導的話語、政治倡議、經濟動機、現代化辯論及多方參與者相互交錯的過程中被構建出來。性別與農村文化傳統之間的比喻與修辭在各種描述中常同時出現，但我們需要理解在特定歷史時刻下，兩者之間的

異質意義與不同的關係。接下來，我將從三個不同的邏輯面向來闡釋這些意義和關係：政治挪用、農村社會和資本。

1940年代初期，城市知識分子開始在延安周邊的農村地區認識剪紙，在共產黨的治理下將之轉變成現代的社會主義藝術形式。早期社會主義知識分子運用各種「老舊的形式」來吸引農村文盲群眾，同時傳達社會政治的訊息，剪紙也是其中一種。知識分子如江豐，對鑲嵌於舊形式中的概念、隱喻及道德價值持很大的懷疑態度，認為這些在本質上是落後的，意識形態也很可疑（Holm 1991）。艾青與古元企圖將木刻樣式、全新主題及現代風格融合在剪紙中，反而證實「使用舊形式」和「發展新文藝」兩者之間難以劃清界線。對這些知識分子來說，解放貧困的農民，包括解放女性，當然不可能通過剪紙來完成；解放僅能通過共產政府的建立，及之後的社會經濟發展和文化改造來實現。但延安時期及後來的毛澤東時代的剪紙發展，清楚地傳達出一種政治挪用文化的主導邏輯，在這樣的邏輯下，共產黨知識分子通過大眾可接受的文化形式，努力與廣大群眾進行溝通，還要創造出抹去傳統內涵的現代社會主義藝術形式。

1949年後的共產黨政府通過在公私領域，特別是在城市地區的國有企業，對女性特質和男性特質的傳統意涵進行重新詮釋，將女性收編於各種政治、社會及經濟活動中，這的確帶來劇烈的性別轉變（Rofel 1999）。然而，許多老舊的習俗、制度和觀念依然存在（Gao 1994），導致農村女性肩負參加農活和照顧家庭的雙重負擔。2004年我拜訪延安時，聽村裏的女性長者回憶人民公社時期的情景，這種感受尤其明顯：她們必須一整天在田裏參加集體勞動；夜晚要做

針線活；還有數不盡的家事如烹飪、打掃、哄孩子上床睡覺。在灰暗的燭光或油燈下，她們為一家六口的舊衣服打補丁，用舊布料改新衣裳，製作枕套、床單及被罩，縫製鞋子，必須把鞋底縫得非常密實，才能在田裏幹活。當被問及剪紙為何跟針線活有關時，她們全都露出微笑，表示每晚結束針線活後通常會留下許多碎紙片和碎布料，於是她們有時會發揮創意，利用這些碎片做出剪紙作品，裝飾樸素的窰洞。

剪紙和針線活作為性別化的生存技巧，因此也被巧妙地融合進農村社會家務勞動的性別分工中。共產黨政府告訴女性要參與家務以外的生產活動，從家庭束縛中解放出來，然而卻同時壓抑家庭內可能出現的巨大轉變，以便贏得主要支持者——農村裏的男性——的民心（Johnson 1983）。事實上，共產黨政府難以完全解決加諸女性身上的雙重負擔。農村女性一方面經歷雙重負擔及食物短缺的磨難，另一方面也因為集體勞動與識字班而得到某種的「解放的視野」，夾在兩者之間的她們在某些方面被賦權，突破某些傳統角色，卻也同時在新舊的性別不平等中繼續受罪（郭于華 2003）。

在1980年代的改革開放中，剪紙、農村文化傳統和理想女性特質在一套新的傳統話語裏頭開始連結。1990年代大量剪紙作品出版，引述俗諺「生女子，要巧的，石榴牡丹冒鉸的」，除了肯定理想居家女性形象和剪紙之間的連結，同時也表達了對剛出生女孩的期待：希望能有一雙製作剪紙的巧手。同時，由於石榴和牡丹皆為生育和性愛的象徵，這句諺語也蘊含另一層意義，希望能有個手藝高超的女兒，嫁出門後也是個能生育的媳婦。剪紙因此開始跟女性的

所謂美德相連，這種美德就是生養後代和家務勞動，而這樣的連結在毛澤東時代其實並沒有。而新近的民間剪紙的敘述也推崇農村女性作為古代文化思想和古代文明的傳承者。簡單來說，在新興的民間剪紙再現中，農村婦女和農村被想像為保存着鄉土經驗和傳統的本真領域。這種對農村和女性特質的渴望、將其視為延續性的身份以及未曾斷裂的傳統，我想不僅跟前文提到費爾斯基（Felski 1995）所稱因逃離現代發展的焦慮而建構的「救贖避難所」相關，也跟後毛時代重新想像女性和男性特質、以及後社會主義中國下的父權意識形態有關。今日，很諷刺的是，民間剪紙和農村女性同時代表理想化的鄉土過往，及對傳統女性美德的懷舊，甚至重建了民俗與保守女性特質兩者之間的連結。

正因為新近話語對民間剪紙的預設，其本質是城市的、男性化的，在關於剪紙與中國現代性、儒家傳統以及涉及的西方理論的文化關係的探討中，皆鮮少將從事剪紙的女性視為合法正當的實踐者。靳之林描述延安是歷史、地理中心當然有其道理，但同時忽略了農村女性極具創意、主動參與的部分，強化了民間文化是歷史化石的觀點；他也把村民的創意歸因於某種文化停滯，略過不談上世紀大幅改變延安面貌的社會政治動亂。雖然農村女性被看成是所謂黃河文明的被動傳承者，她們的任務也變成是保存傳統以及理想化的昔日中國，這強化了後毛澤東時代認為農村是維持不變傳統之地的想法。最後，雖然1984年靳之林邀請四位農村女性到中央美術學院教學之舉值得致敬，但可惜，這些貢獻許多剪紙作品給延安政府、幫助推廣當地旅遊產業的女性，甚至受到蒐藏家和遊客追捧的

傳統藝人，年老時仍住在窮鄉僻壤之地（顧浩 2003: 562），一天三餐的溫飽還未能完全解決。

1990 年代後期至今，剪紙實踐的敘事更進一步發展出新的邏輯，也就是資本邏輯，使得文化和傳統的意義進一步轉變。如同《延泉縣剪紙大普查》所顯示，農村與城市間的經濟、社會、文化差異隨着 2000 年的到來愈來愈兩極化。早年社會主義時期的「下鄉運動」在共產黨藝術家的領導下思考如何使用民俗形式為農村預想了嶄新的未來；1980 年代「文化熱」背景下農村被視為中國古代文化的傳承者；2000 年後的一切截然不同：農村地區重新淪為匱乏之地，無論是經濟還是文化上都比以前更為落後（Yan 2008）。現在，農村的凋零讓國家主導的的發展計劃更為名正言順。黃河旅遊即為一例。

今日，延安剪紙幾乎等於是一項商品，剪紙的民俗內涵、大膽設計不過成為一種良好的銷售策略，與中國文明的歷史意義並沒什麼關聯，或頂多表面上有那麼一點關聯。某些民間女藝人或許受到讚揚和歡迎，但也是源於一種對城市自由和資本的召喚，而難以保護農村及其傳統。

值得探討的是，學者王愛華（Aihwa Ong）提出新自由主義的資本邏輯雖然經常高舉自由、彈性、選擇、流動，卻系統性地生產了地域、種族和階級區分，生產出排他性主體（Ong 2007: 5）。在新自由主義的資本邏輯下，很多群體沒有真正享受到新自由主義帶來的所謂好處，只是在資本累積的過程裏受到排擠。就像很多從農村流動到工業區的「打工妹」一樣，他們的「巧手」就常與「效率」相連，但「巧手」並非一定為在城市勞動的女性帶來成功，反而大多作為一

種規訓，迫使她們成為沒有固定合同的臨時工，隨時可被棄置不顧（Lee 1998a; Pun 2005）。同理，農村女性剪紙藝術家的「巧手」也是如此。

最後，最為諷刺的是，這三項相互矛盾的邏輯——資本、農村社會及政治對文化的挪用，在千禧年時代透過剪紙毫無違和地順暢運作。當代中國政府和城市知識分子有效運用這些不同邏輯，達到旅遊發展、地方推廣、同時宣揚社會主義遺產和遺跡保護的目的。在推廣民間剪紙的過程中，農村女性特質一直以來都是本土和歷史自然延續的標記，其實，性別差異與城鄉差異持續成為想像中國文化現代發展的基本參照。本章透過分析幾十年來在延安地區對剪紙的再現，思考傳統的話語如何想像城市、農鄉、性別和中國現代性本身。今天，剪紙似乎變成懷舊慾望的文化象徵，民族國家的話語藉此追尋合法性及利益，並為中國的崛起提供文化現代性意義上的詮釋。

第二章

敘事之戰：
打造剪紙民俗為非物質文化遺產

　　今天，剪紙已從原本手掌大小的家庭手工，發展成畫作尺寸的藝術展覽作品。而且，剪紙不僅是藝術作品，也是現今廣為保存及推廣的非物質文化遺產。在延安的小程民間藝術村，人們激烈辯論農村發展、文化遺產保護及文化旅遊產業，剪紙是相關主題的焦點。十年前小程民間藝術村（以下簡稱小程村）仍是鮮有人問津之處，自2001年起，由於北京中央美術學院的知識分子希望將剪紙列入聯合國教科文組織非物質文化遺產名錄，[1] 他們主張把小程村當作「申遺」據點之一，這個貧困村從此改變命運。

---

[1]　1997年，聯合國教科文組織開始保護世界各地的口述及非物質文化遺產，要求各國為地方習俗提出申請；2001年、2003年及2005年，聯合國教科文組織共公告了分佈在70國的90項文化遺產，如今稱為「人類口述與非物質文化遺產代表作名單」。此後，該組織也要求各國政府建立內部系統，持續這項辨識保存非物質文化遺產的工作。2006年，中國政府建立了自己的國家級非物質文化遺產計劃，名單上共收錄了518項文化遺產。

若在網絡上搜尋延川縣小程村，會出現10萬多條信息，大家常形容小程村是偏遠、古老的黃河村落，隔絕了一切外在的社會變化，男耕女織，互古不變；也會提到小程村保存了無數古老的傳統習俗，如民間宗教儀式與剪紙文化。在小程村，你可以看到黃河蛇曲國家地質公園乾坤灣的壯麗景色。「乾坤」代表山河、水土、扭轉及陰陽發源之地，生生不息。旅遊手冊中寫到，傳說人類的始祖伏羲，就是在黃河蛇曲的小程村仰觀天象，俯察地理，創造了太極八卦（《全景延安》編委會 2008: 19）（圖2.1）。

小程村最引人入勝之處就是剪紙這項活態文化遺產（living heritage），村裏剪紙的婦女吟唱當地盛行的民歌形式「信天游」，而剪紙的主題則以信天游的內容為主。小程村的特色還包括千年窯洞，以及展覽各種農村日常用具的民間博物館。遊客可以在窯洞過夜，品嚐當地特色麵食，購買特製的剪紙和刺繡，並觀賞秧歌表演。小程村吸引了成千上萬的中產階級。他們在假期逃離城市，來此欣賞黃土高原的峽谷景觀和人文特色。2011年，到訪小程村的遊客高達八萬六千人。考慮到村落遠離市中心，其他歷史景點也很偏遠，這已是相當可觀的數字。

在這一章中，我將探討申請文化遺產之於當代延安農村地區的意義，同時呈現村民、城市知識分子、地方政府和中央政權如何參與把小程村打造為傳統的載體，以及將剪紙打造為非物質文化遺產的重要建構過程，並特別檢視不同參與者如何建構及理解文化遺產內涵的差異。本章中，文化遺產「本真性」的概念不僅與「被發明的傳統」（Hobsbawm and Ranger 1983）或「遊客的凝視」（Urry 1990）相

圖2.1　小程村鳥瞰黃河蛇曲國家地質公園乾坤灣

連；我指出農村平民和知識分子在整個過程中也建構他們的「鄉土歷史」，而他們的敘述跟民族國家傳統的敘述有很大距離。我將論證小程民間藝術村的創立過程，是一場我稱之為「敘事之戰」（narrative battle）的過程。「申遺」的過程既開啟了理解地方的新的可能性，產出並再度詮釋能夠對抗民族國家敘事的地方歷史、知識與傳統；同時，這也是新的地方知識與主流官方傳統互相競逐的戰場。本章將檢視在建構延安民間剪紙的本真性，並確立其為非物質文化遺產的過程中，對民間文化的各種新興詮釋。

在農村主題公園中展演本真性

建構文化遺產地並非中國獨有，而是引導遊客尋求本真性以及懷舊體驗的現代旅遊業的主要特色（MacCannell 1973）。世界各地的遊客聚集在鄉間小屋及重建的歷史遺跡尋找熟悉感，對逝去的、理想化的昔日農村生活或王朝表示嘆息及興趣（Lowenthal 1985）。大衛‧羅文素（David Lowenthal）提及今天於世界各地的「遺產爆發」（heritage explosion）現象，歷史主題公園及博物館在各地越開越多，重新定義社會大眾對於歷史文化的興趣（Lowenthal 1998b: 3）。

自 1990 年代起，中國有成百上千個民俗博物館及由古老鄉村改造的「古鎮」加入「遺產爆發」的行列，滿足大眾對於農村謙遜純樸文化的渴望。許多重建的古鎮特色都是歷史建築、古巷店舖、穿過小鎮的河流、當地特產和手工藝品，以及「簡單和諧」的農村生活與傳統（Pred and Watts 1992: 146–147）。一般來說，重建古鎮是為了要確立中國本質的邊界，在偏遠的村落空間中，體現別具風味的歷史和國粹；身為現代主體的城市遊客，努力尋找本真的「民族」，在快速變遷的世界中尋找意義和關聯。在這種尋求農村文化遺產的現象中，有厄里（John Urry 1999）提出的「遊客的凝視」為背後的主要驅力，也就是一種現代人對於非現代世界的期待懷舊，透過媒體的宣傳，影像的再現，讓遊客對於某些地形情景已經抱有一種固定的想像。還有學者則將中國近來鄉村體驗及田園風光再現的商品化、繁衍和消費，稱為城市消費者對農村風光、村民及習俗的「浪漫化再評價」（Griffiths et al. 2010）。

當然，今天許多古村鎮其實是被重建為僅供遊客觀賞的複製品，而原先居民大多早已搬離，很多建築物也是後來加建的。有的人可能會批評這樣的古村是「捏造」的遺跡，只是另外一種充滿人造景觀、以及精心設計的「主題公園」(Lowenthal 1998a)。但近來的討論發現，本真性與複製品、歷史與文化遺產之間的截然二分也不一定成立，而且它們之間的差異程度也是建構而成的。若我們將重構的遺產標籤為偽造，即是我們預設了本真性永遠都與所謂真實歷史相關，而重構的遺產只是一件複製品、擬象的產物，因此不是真的。歐挺木 (Tim Oakes) 就認為這樣的二分法，使得我們無法將本真性，或者歷史真實同樣理解為由歷史、社會與文化過程共同建構而成的產物 (1998，2006)。

　　位於深圳的民俗文化村「錦繡中華」是個絕佳的例子。在最為現代、瞬息萬變的都市 —— 深圳，存放着永恆不變的迷你中國名勝，展示中國各個區域的鄉土民族歷史建築 (Anagnost 1993)。有些建築直接從原地整個搬移過來，但更多的是「複製品」直接與「真正」的建築並置放在一起。遊客可以見到看起來像泥土，實則由水泥造成的陝北窯洞，上頭掛了幾串紅辣椒和玉米；但只要遊客一踏入「假」窯洞，他們的興致馬上被老舊的傢俱、黑白照片和簡單的農村生活，轉化成某種理想化的懷舊。換句話說，窯洞的本真性與複製品使用的材質沒有太大關聯，而是由能引發遊客回憶國家昔日貧困的窯洞裝飾品和物件建構而成。本真性通過「權力秩序」(regime of power) 的形式運作，無論是國家或者非國家中心的話語 (比如民俗的論述) 都會使得某些主體成為國家核心價值和身份的中心，比如黃土窯

洞，讓我們一看見就會容易認同這些由這個權力秩序所賦予給我們的語言與想像（Duara 1998）。

藉由探討延安小程民間藝術村，本章回應了在中國急劇城鎮化與農村危機背景下，建構文化本真性和發明傳統的相關討論。小程村的許多農村特色被重新建構，目的是為了遊客的凝視和文化遺產展演，且有不少虛構之處。但若只說小程村和剪紙是被打造出來因而是不真實的話，就無法進一步探究文化遺產的生產過程如何繁衍出相互競逐的敘事、新的地方主張以及新的農村意義；此外，這些地方傳統與農村地區的新意涵，是之前關於民族國家敘事和城市現代性的主流話語避開不談，也不認可的。

因此，本章關注不同參與者建構出的差異化敘事，探討文化遺產本真性的博弈過程。舉例來說，2000年左右將延安剪紙列入文化遺產的過程中，當地村民、城市知識分子和中央政府必須站在同一陣線合作推廣傳統，這被視為是理所當然的；但事實上，這些參與者的利益在不同時期有時一致，有時卻互相衝突，只是這些策略性的聯盟和差異化的文化詮釋常被忽視。最後，我認為小程民間藝術村和剪紙的本真性，就在於與主流官方話語競逐民間文化的多重敘事。我將呈現，民間文化復興不一定只是為了迎合城市消費者而倒退回保守的過去的重建產物，而是鄉土史的重建，從普通民眾的眼光來理解民間農村的日常生活（Dicks 2004）；另外，我也將討論民間文化復興如何與村民個人賦權、自主治理及地方民主化的過程緊密相連。

本章的資料皆來自於2004年和2008年我在延安延川縣的小程

民間藝術村所做的田野調查。我與中央美術學院教授靳之林、延安藝術家馮山云（他們都是小程民間藝術村的主要建造者）緊密合作，負責接待一群來自西班牙和日本的訪客，並擔任當地村民與外籍訪客之間的翻譯，為期一個月。2008年小程村舉辦國際民間藝術節，閉幕之後我再度拜訪當地，參加組委會會議，對主要的剪紙藝術家、村裏的組織者進行訪談。

小程民間藝術村的起源敘事

小程村位於金沙大峽谷內，座落在黃河蛇曲地質國家公園正上方的山頂，黃河在這裏蜿蜒成環狀，形成壯麗的峽谷景觀。村子距離延川縣大概35公里的車程。村裏人口稀少，只有54戶人家，共205人，村民們沿着黃河河岸而居，當地以出產紅棗聞名。每到9月棗子成熟轉紅，整個村落變成棗紅的顏色，為黃土高原和奔騰的黃河增添一抹豔麗。多年來，村民採拾紅棗，曬乾後賣到其他城鎮，僅通過一條車輛無法通行的碎石小路運送。若收成好，一戶人家的年收入可達2,000塊；若雨季在收成前來臨，打濕了棗子，村民僅能賺到幾百塊，甚至沒有任何收入。村民生活一直相當貧困，沒有電力、自來水等基礎建設。

2004年我第一次拜訪小程村，在路上顛簸了四小時，途經無數個座落於懸崖峭壁上的村落，穿過矗立於黃河兩條洶湧支流上的石橋。靳之林教授與在延川文化館工作的當地版畫藝術家馮山云開着越野車來接我，路途上我得知小程村最盛行的起源敘事（origin narrative），這種說法在書上、網絡上廣為流傳，甚至後來我在對小程村村民進行口頭訪談時也常能聽到。

小程的起源故事是這樣的。2001年，靳之林被黃河蛇曲的自然景觀深深震撼，決定要在小程村描繪這種景貌，因為那裏居高臨下，能一眼望盡壯麗的河川景色。於是他付錢給當地村民，換取住宿、三餐，並在接下來兩個月裏每天到山頂作畫，而充滿好奇心的友善村民也開始運送食物給這名藝術家。在這趟繪畫之旅即將結束時，靳之林充滿感激地詢問村民如何才能回饋村裏。村民希望他能向縣政府反映村裏需要電力，因為他們相信來自北京的知識分子說話較有分量，也好跟官員對話。最初靳之林覺得非常為難，但他發現村裏有不少女性會做剪紙，且有好幾個趣味盎然的景點，於是他構思了一項野心勃勃的文化發展計劃：推動剪紙（包括藝術形式和習俗層面）成為非物質文化遺產，建立民俗博物館，並組成秧歌表演隊。他預計這項計劃可以吸引遊客，將小程村變為獨一無二的文化旅遊景點，從而向縣政府施壓，為村裏鋪設電力設施。今天，小程村不但有電有自來水，甚至還有直達城鎮的水泥路！

這個關於小程民間藝術村如何誕生以及剪紙的魔力的故事，的確非常感人。但仔細檢視就會發現，它就像一個典型的共產黨救贖故事，裏頭包含充滿刻板的角色、開頭與結尾：極端貧困且目不識丁的村民在偏遠農村等待啟蒙，有良心的城市知識分子下鄉來為人民服務，最後政府給每個人帶來大團圓結局，小程村順利成為文化遺產景點，而村民全都藉着文化旅遊產業生活富足。

至少在以下幾點，這樣的敘事很有問題。第一，雖然小程村是

個基礎設施缺乏的偏遠農村，但村民並非生活在前現代（pre-modern）的黑暗之中。村裏大部分的年輕男女那時都已經進城打工，留下已婚婦女和老人照料棗樹和梯田。第二，即使從北京來的知識分子提出了這個民間藝術村計劃，帶來遊客和商機，他們的倡議一開始也遭到不少質疑和反彈。最後，縣政府雖然最終為小程村鋪設了電力設施、自來水管和水泥路，但其干預的層面不僅僅是基礎建設，還有其他更多方面。

接下來幾個小節中，我將更立體、更豐富地呈現小程村的起源敘事，挑戰那認為地方傳統和農村地區是自然存在、等着被開發推廣的慣常觀點；我將檢視在來自外部的參與、當地的反思與協商過程後，地區和習俗「成為」傳統及文化遺產相關處所之錯綜複雜的方式。

北京知識分子：尋找鄉土中國和活態文化

知識分子推廣剪紙並非全是為了村民的福利着想。事實上自2001年起，以靳之林和喬曉光為首的中央美術學院民俗學教授，即積極策劃將剪紙列入聯合國教科文組織的非物質文化遺產。「申遺」當然有為某些被忽略的文化傳統正名的重大意義，也是一個爭取資源的過程。中國第一項被列入「人類口述及非物質文化遺產」的習俗是崑曲，一種起源於中國南方（江蘇）的古老戲曲形式。2001年崑曲成功「申遺」後，這種戲曲藝術形式和相關機構成為國內外媒體的焦點，相關學術研究單位和學者也因此獲得前所未有的豐富資源、正

當性及名聲以進行研究和教學。

一旦聯合國教科文組織認可遺產的價值，如語言、文學、音樂、舞蹈、遊戲、神話、儀式、習俗、手工藝品和文化空間等，身處民俗學、宗教學、人類學領域的中國知識分子便全部開始在更為寬廣的國內、國際框架下，重新認識自己的研究。中央美術學院的藝術家得知崑曲「申遺」成功後，馬上開始着手準備。但聯合國教科文組織對於非物質文化遺產的定義門檻很高，若要達到門檻，這項文化形式必須存在於當今而非昔日的文化群體中，且傳播方式必須是透過口述或模擬，同時還需要實踐者認為這項文化形式是自身社會、社群身份與價值的一部分。換句話説，評鑑過程認定的文化習俗必須與現今人們的生活持續相關。

因此，對北京知識分子來説，真正的挑戰不在於找到特定的文化形式，而在於找到持續實踐這項文化形式的群體。他們當時肯定立刻就想到了延安安塞縣。1970到80年代，中央美術學院的知識分子們在那裏接觸了不少女性剪紙藝術家（詳見第一章）。但問題是，安塞縣自1990年代起便迅速城鎮化，到了2000年幾乎不可能找到保持剪紙傳統的地方社群。此外，安塞縣的傳統土窰洞幾乎銷聲匿跡，再也沒有貼着剪紙的紙糊窗跟木製窗框，家家戶戶幾乎都改住在石窰洞、改用現代的玻璃窗了。而且，當地人早就開始用印有流行明星的海報來裝飾家裏，剪紙只會在婚禮場合出現。也就是説，如果中央美術學院的知識分子想找到實踐剪紙文化的農村社群，就必須自己創造一個。

而小程村符合這個農村社群的想像——位置偏遠、未經開發，

還擁有壯麗的河川景色。最重要的是，這個地方充滿各種詮釋的可能性。首先，小程村有個千年窰洞，洞口由雕有圖案的石塊砌成，圖案包括兩名穿着非漢族服飾、鼻子高聳的異族男子，以及蓮花和兩尊獅子滾繡球。這些石雕為何又如何出現在那裏，至今仍不得而知。可能的解釋是，村民從毀損的寺廟取得石頭作為雕刻材料。但城市知識分子構思出更引人入勝的故事，靳之林解釋說，這些石頭浮雕可能與匈奴和羌人（居住在現今蒙古地區的古老遊牧民族）在該區域的活動有關。西夏王朝（公元1038–1227年）時期，蒙古人入侵中國北方，佛教各類象徵圖案從印度傳進中國。靳之林甚至認為，小程村可能是千年前非漢裔民族在此定居的文化樞紐，而現在他的說法流傳於旅遊書籍和網站上。可以說，知識分子無意中為小程村的歷史加上了一層異域色彩。

其次，小程村旁有另一個村落叫碾畔，那裏約有20座老舊的土窰洞，廢棄多年，村民搬離此處蓋了新的石窰洞。北京知識分子認為這是成為民俗博物館的絕佳空間，可以展示當地農業和家用工具，以至日常的民俗文化。

不過僅有滿佈石頭浮雕的千年窰洞，20座土窰洞和河川蛇曲地景是不夠的，最理想的狀況是村民在日常生活中仍從事剪紙。知識分子初步調查後發現，有三名女性會做剪紙，而其他女性會做基本的針線活和刺繡，於是他們毫不猶豫立即邀請了幾位專業剪紙藝術家來到小程村，為村裏的女性開設剪紙學習班。

這些知識分子同時也非常清楚，為了通過非物質文化遺產的評審，自己正在操縱歷史敘事、改造剪紙文化；但若說他們的參與過

程全出於功利主義，就未免太過簡單化，因為他們中的確有人真心相信，中國文化根源就在於農村生活和農民群體。

　　舉例來說，靳之林即熱衷推廣中國文化和哲學來自於農村民俗的觀點（靳之林 2001，2002）。不同於認為中國文化為士人、文學、男性文化傳統所獨佔的精英觀點，靳之林認為民間藝術和農民文化形式是文化生產的要塞，但長久以來都被輕視。譬如說，許多人覺得由受過教育的城市男性主導的中國書法，是中國文化再現的重要形式，但很少人對於由目不識丁的農村婦女從事的剪紙，也抱同樣的看法。靳之林同時也了解到，剪紙圖案中的「鳥」、「魚」、「樹」，都不純粹是自然界動植物的再現，而是與古文明的生殖、生命崇拜圖騰有關。在〈中國民間剪紙的傳承與發展〉一文中，他說：

　　「從 7,000 年前長江下游河姆渡文化，到黃河下游大汶口文化的鳥圖騰崇拜的鳳凰朝陽與水盆萬年青生命之樹符號，……黃河中上游仰韶文化到馬家窯文化圖騰觀念中的蟾、龍、蛇與陰陽雙魚相交旋轉的人面含魚，……新疆吐魯番唐代阿斯塔納——哈拉和卓墓葬出土的手拉手的民俗招魂剪紙，在今天仍然是西部地區招魂辟邪的民俗剪紙的符號密碼……從這些相同的或不相同的動物、植物、器物與人形紋、幾何紋文化符號密碼中，看到完整的生存與繁衍的人類基本文化意識和陰陽相合化生萬物、萬物生生不息的中國本原哲學體系內涵。……中國廣大農村億萬勞動婦女代代相傳的民間剪紙的傳承，主要是通過這些哲學符號和民族文化基因密碼來傳承中華民族的本原文化與本原哲學體系、藝術體系的。」（靳之林 2005: 32–33）。

喬曉光是另一位將剪紙描述為「活態遺產」的中央美術學院教授（喬曉光2004）。他認為中國大部分的節慶和儀式都通過剪紙組織和再現，比如春節、清明節、端午節、中秋節和中元節，以及婚喪嫁娶、巫神治療、祭祖等。在這些場合中，剪紙協調了典禮形式和節日價值，成為儀式活動和日常農村生活的主要美學。喬曉光寫道：「民間剪紙即是中華民族具有普遍性、多民族性和持久性的活態文化類型，它表現出鮮明的文化共生和活態傳承特徵……民間剪紙是認知活態文化的經典範例。」（喬曉光 2005: 385–396）

總結來說，對北京知識分子而言，小程村是他們藉助民俗重新詮釋中國歷史文化的絕佳地點。提供剪紙培訓的藝術家並非為了通過評審造假，相反地，他們視「申遺」為天賜良機，呼籲政府和社會關注長久以來被忽略的中國文明——鄉土中國。

2001年，北京知識分子開始動員、說服村裏的女性製作並銷售剪紙，作為主要的收入來源，男性則組成秧歌表演隊。他們確保女性製作剪紙時，從民間傳說、地方故事、民間信仰和民歌中尋找靈感。他們呼籲村民捐出傳統農耕用具、油燈、瓷器、刺繡作品、紙燈籠、手工縫製衣物和鞋子，作為博物館展示用，並堅持這些展品不僅是為了遊客的視覺消費，也是為了重新連結這些農村日常用品與中國文化哲學（圖2.2）。2011年底，初步計劃已完成，小程村成為遊客觀賞黃河壯麗景觀、遊覽古老窯洞群、拜訪民俗博物館之地；而且遊客還能對「傳統」的農村群體一探究竟，看看女性村民如何持續剪紙這項文化遺產。

圖2.2　靳之林在小程村民俗博物館，這裏正在展出裝飾着剪紙圖案的傳統燈籠。

延安知識分子：復興窰洞文化

　　村民的目標和關注焦點與知識分子明顯不同。村民們並不太關心剪紙是否象徵古老圖騰以及是否為哲學思想的媒介，他們更希望擁有現代化的電力和自來水設施。一聽到靳之林提議要先打造藝術村，再向縣政府要求基礎建設，很多人都持懷疑的態度。比如村民郝秀珍説：「馮（山雲）老師説剪紙能賣錢。當時我根本不懂剪紙也能賣錢。我説不要錢，只要能把電拉上就行了。從心裏説你騙人呢，爛紙兒還能賣啥錢？」（引述自張同道 2009: 201）村裏許多男人

也覺得讓妻子為遊客製作剪紙的計劃，簡直只能用瘋狂形容，因為那表示女人無法將勞力投入於繁重的農務和家事上。

　　第一次剪紙學習班僅有三人出席，知識分子鼓勵她們參與，於是漸漸有更多女性來上課，且有些表現良好。再往後，更多村民，男女老少都有，就像上戲院般結伴來上課，全都想看看什麼叫做「好的剪紙作品」。最後，學習班成為村民們在一天繁重工作後，聚集在一起的重要活動。他們聽靳之林講述1980年代安塞剪紙藝術家如何到法國表演，以及他對小程村的改造計劃。

　　經過一個月的學習班，村民和知識分子對彼此有了更多了解。2004年我在小程村時，聽到靳之林仍耐心地對村民解釋農業社會中工具和儀式所代表的不同文化意涵，希望他們不只看見文化發展計劃帶來的利益，也能重探地方民間知識和農村世界觀。大多數的村民花了很長一段時間才接受他的想法。但最重要的是，在這過程中許多人看見了傳統、農村環境及農民身份的嶄新層面。他們表示，以往不論是城市還是農村居民，都認為村民身份與農村生活方式是卑賤且毫無價值的，而這項計劃大大的改變了這些既有的想法。

　　這對延安當地受過中學教育並繼續自學的人來說更是如此，他們後來成為延川縣裏的作家、藝術家及攝影師。馮山云即是其中之一。1970年代晚期完成中學教育的馮山雲，開始在延川縣文化館擔任專業版畫藝術家。受到靳之林關於農村民間文化理論的啟發，他和其他延安知識分子都認為重新研究當地習俗、儀式和民間藝術是很重要的事。得知打造小程村民間藝術村的機會，馮山云立刻加入協助動員的行動，以下是他在一篇文章中提過的，某次訪談時他也

這麼告訴我：

> 「我在碾畔民俗博物館整理婚嫁民俗時，才真正知道這些
> 民俗中的奧妙和含義，都是隱喻生殖繁衍的。新郎新娘結婚
> 時，雙方得備包有棗和核桃的四個大饃饃，上頭時將包有棗和
> 核桃的兩個饃中間夾上肉，分別讓新郎和新娘咬。……核桃隱
> 喻上下結合，棗意為早生貴子。……新娘在進洞房前吹鼓手必
> 須衝洞房，衝洞房時首先得捅破一眼窗戶紙，新娘才可進洞
> 房。這些隱喻同樣是不言而喻的。」（馮山云 2005: 326–330）

漸漸地，延安知識分子對於他們所謂的「窯洞文化」——陝北人
民如何形成自身獨特的社會性、習俗、宗教和日常儀式等，感到愈
來愈有興趣。他們理解到窯洞不純粹是一種功能性的居所，還具備
特定的建築設計，下方的四方形連接着上方的半圓形，呼應中國宇
宙觀的「天圓地方」。當地儀式如祈雨、祭拜河神和土地公等，通常
都會安排在窯洞內外的空間，以求吉祥有效（馮山云 2005: 328）。

對延安知識分子來說，小程村計劃是千載難逢的機會，能好好
探索當地文化及儀式意涵。之前鮮少有人研究這部分，且因為該地
位置偏遠、物質匱乏，常被認為是粗糙不值得研究的。同時，他們
也必須趕在該地區城鎮化之前，趕在村民將窯洞改為多層現代水泥
建築之前，盡快地了解當地文化。如同馮山云解釋他參與小程村計
劃的目標：「我們所做的不單單是一個剪紙、民歌、原始宗教和民間
習俗的收集整理工作，而是保護和延續這塊土地上的文化。」（馮山
云 2005: 327）

小程民間藝術村的崛起

縣政府看到了村民的努力，終於同意提供電力和自來水設施，讓小程村成為黃河文化旅遊景點。歡欣鼓舞的小程村村民決定在2001年12月舉辦慶典，慶祝小程民間藝術村成立以及裝好電纜；當晚由村和縣政府領導致辭，村民表演秧歌歌舞，附近村莊的居民也一同上台演出。這場典禮同時也頒發「剪紙藝術家」證書給28位小程村裏的女性。首任當選的小程民間藝術村村長郝國強，回憶起那一晚時說道：「當時掛上電農民高興得很。原來點的煤油燈，一下子電就來了，農民高興得跳起來，唱起來。那天晚上真是熱鬧，那天晚上農民不睡覺的都多了。靳老師剛來的時候說給我們通電，農民就不相信……現在我們村裏說一句話，就是靳老師在我們小程村，就跟我們尊敬毛澤東似的那個尊敬了。」（張同道 2009: 205）

2002年4月，「剪紙與非物質文化遺產」學術研討會在小程村舉辦，吸引了上百名來自中央美術學院及各個研究單位的藝術專家、專業人士，這些訪客買了不少剪紙，吃住都在窯洞內，自此小程村名聲大噪。同年，中央美術學院的非物質文化遺產中心和中國民間剪紙研究會正式將小程村納入「剪紙申遺計劃」（喬曉光 2004）。

小程村很快就吸引了各方興趣——當地的、國家的和跨國的興趣。2003年，紐約長征基金會和中央美術學院在延川縣合辦一項剪紙普查，從小程村開始進行。後來基金會共蒐集到15,006份普查表單，包括村民基本資料、個人陳述和剪紙樣本，並將這些組織成大規模美術展覽——「延川縣剪紙大普查」，展覽於2004年至2010年

期間在北京、台北、上海、舊金山和聖保羅巡迴展出(詳見第一章)。

2004年，福特基金會資助小程村項目，包括剪紙學習班、古窯翻新工程，以及「將文化資源發展為文化產業，促進農民自覺地進行可持續發展」的相關計劃(喬曉光 2004: 221–248)。有了基金會的支持，裝飾有罕見石雕的古老窯洞被整修一新，並被賦予「千年古窯」的稱號；原先棄置不用的12座窯洞也被翻新為12個民俗博物館，展覽各種主題，包括農業、交通、日常生活、婚禮、當地信仰、民間藝術、慶典等。第一座窯洞用來展示農業用具，正中央擺着木犁，兩旁靠牆放置的是好幾種耕田工具；第二座窯洞整齊擺放着盛裝穀物的容器、排水器和不同尺寸的量器，每一項工具旁的牆上都有鑲框照片，以及該項工具名稱和用途的簡短說明；展示油燈和瓦斯燈的窯洞內，展示平台的特殊設計將燈具置放於不同高度，代表不同生產年代和風格；其中一座名為「紡織」的窯洞內有傳統紡織機，當地導遊可以現場示範如何操作這項工具。

2003年前，小程村已接待了來自意大利、法國、瑞士和日本等多國的遊客，中國許多大學及學院也把小程村作為民間藝術課程的教育基地。隨着遊客數量急遽增加，延川縣政府從延川鎮鋪設直達小程村的水泥路，大幅改善了村落附近的基礎建設。

創意農村主體誕生，家庭關係重組，農村公共生活興起

由於遊客大量湧入，村裏的女性忙於製作和銷售剪紙、傳統染布、手工衣物、老式玩具以及刺繡。文化遺產旅遊產業促使很多人

投身於地方民間知識和技術的復興行列。2004年，村裏許多人告訴我，他們向年長的女性徵詢意見，想知道如何使用自家種植的棉花來紡織，還有怎麼用天然有機染料染布。其中有些老太太表示，很久沒受到年輕人那麼尊重的對待了。

一般來說，從事復興傳統手藝的女性，都很有意識地將傳統視為可以積極參與和反思的過程，而非一成不變的複製。舉例來說，在小程村接待我的馮美珍，很喜歡用剪紙剪成小孩身形大小的小褂褂，上頭裝飾着流行的動植物花樣，還有各種吉祥喜慶的圖案。馮美珍在製作剪紙小褂時，發揮創意，將剪紙的視覺效果、裁縫特色與實體物件連結在一起。馮瑞梅的風格則相當獨特，她的剪紙作品都是一個整體的鏤空花樣，迫使人們尋找其中隱藏起來的主題。她在靳之林的「學習班」上學到現代立體派，自此開始創作主體融合在背景之中的剪紙作品，實虛交錯；馮瑞梅刻意模糊表現主體，將現代藝術元素注入傳統民間藝術，並實驗各種不同的創新剪紙風格。某天，她很得意地向我展示一件書法作品，我可以看見她在重演剪紙傳統的過程中獲得的成就感。胡美蓮很有創意地將盛行的敬神主題放進剪紙作品之中。我仔細觀賞她的一幅剪紙作品後發現，這是通過四張圖講述一名女人死後、兒子祈求神明、終於讓母親獲得重生的故事。胡美蓮因此將剪紙變成地方故事的媒介，要求遊客閱讀一系列的圖像，了解關於靈媒、孝順以及生死邊界的地方知識。

身為專業剪紙藝術家的劉潔瓊是延川當地人，她對自己重演剪紙傳統的任務與感想有一段絕佳的描述：

「我喜歡信天游，信天游是從民間傳唱開的，有聲無形，而剪

紙又是民間藝術，是有形無聲，於是我把兩者結合起來，形成自己獨特的藝術風格。二十世紀三十年代，陝北的民歌、剪紙在老解放區延安廣泛流傳着，如『草雞上牆公雞追，又摑奶奶又親嘴』，聽起來讓人耳熱心跳，唱起來讓人熱血沸騰，剪起來讓人火辣辣地燙手，這些洋溢着情和愛的信天游，赤裸裸地表露了陝北人們火熱的內心世界，把這些民間藝術保存、延續、發展下來，是我們的職責。因為傳統是一條流動的河，民間藝術是大河依托的古老河床。」（劉潔瓊 2005: 346）

地方知識和民間傳統的復興不僅限於村裏的女性，許多中年男性村民也積極參與，幫忙組織民俗博物館、秧歌表演隊。我參加過他們舉辦的其中一場會議，觀察靳之林如何分享他在法國和美國博物館巡迴展覽的經驗及策展的想法。這些村民的確從未去過任何博物館，但在會議過程中，他們被迫絞盡腦汁，思考如何向遊客展現自己、自身的傳統及農村社會。2001年，郝國強放棄了他在城市發展的機會，回到家鄉小程村，開始經營窯洞民宿產業，他很堅定地告訴我：「我必須回來，因為我想告訴外面的人，我們農村好的東西。」

這些村民所重製、重演的農村民間文化藝術，絕對會吸引對農村景觀和生活方式充滿「浪漫化再評價」、想逃離都市緊張生活的中產階級。但小程村展示出民間文化復興過程對於建立地方認同以及對農村價值、經驗的重新自我評估，皆具有同等重要性。在當代延安，相對於一切皆有可能並充滿工作機會的城市，農村日常生活方式常被認為是懶散、無意義的。尤其對農村年輕女性來說，她們發

現生活沒有意義，因為婚後她們通常沒有個人發展的空間，「被困在家裏面，圍着鍋台轉。」嚴海蓉認為，由於後毛澤東時代農村裏的父母不要求年輕人下田勞動，中學畢業後他們只需要簡單做做家務活，因此慣於家居生活，許多人在家鄉也找不到任何未來發展和現代式生活的可能性（Yan 2008：44–52）。

在這樣的背景下，小程村民間復興計劃再次將村民凝聚起來，在農村去集體化過程中為大家提供消失已久的公共生活及村民廣泛參與的機會。這項民間計劃開啟了各種探索、學習及呈現民間儀式知識與實踐的機會，通過正式、充滿創意的方式，村民開始用全新的眼光接觸自身文化，重新了解家庭擺設、穀物、儀式習俗與價值之間複雜的關聯，同時因為小程村小學正式將民間藝術納入教學，兒童也開始跟着改變。

對村裏許多沒受過什麼教育的女性來說，民俗計劃是十分難得的機會，能讓她們獲得特殊技能訓練，與外來者互動，並在傳統性別空間及社會限制外建立新的社交圈。遊客並非一年四季都有，因此銷售剪紙作品無法帶來豐厚的收入，但在我訪問過的所有女性藝術家中，不管已婚未婚，皆表示剪紙改變了她們自身，以及她們與丈夫或家庭成員之間的互動關係；有些人說因為她們為家裏帶來額外的收入，所以「講話可以比較大聲」。曾因剪紙訓練課程和丈夫起衝突的賀秀珍表示：「當時他說你不做活兒，光畫這些，沒意思嘛！他就把我鉛筆扳折了。晚上我就又買了一把。心想，你能扳一支，我就買一把你扳。一把兒如果他要扳了，我還買。總是要畫畫的。」（引述自張同道 2009: 203）通過剪紙，賀秀珍找到在家裏保有自己的

隱私、活動及興趣的方式。另一位女性則說:「去年我的兩個孩子上學的費用很大,沒辦法我去打工,掙了些錢心裏踏實了,可又坐下剪紙了。下半年開學了,我又去打工。打工煩了時就唱上兩句民歌,唱過後就想把這些剪成剪紙。」(馮山云 2005: 327)。她從剪紙的美學及實踐中找到紓解農村生活壓力的方式,而這種壓力與城市消費及開銷愈來愈緊密相關。在小程村,剪紙改變了許多女性在農村家庭中的位置和價值。雖然剪紙並未藉着大幅提高女性收入和地位而在一夜之間帶來性別賦權(gender empowerment),但通過剪紙,小程村的女性從此在農村家庭生活中找到新的意義和價值。

民間藝術所引發的地方治理矛盾和政府干預

小程民間藝術村不只是一項農村的創意計劃,也是地方政府正式批准授權的發展計劃,與村裏的黨領導層共同執行。新訂的章程規定藝術村村長和藝術隊長由會員通過民主投票選出,並由一群知識分子組成的理事會進行監管。章程也確保藝術村的領導層要為吸引遊客和收入負責,對村裏的成員負責,且獨立於政府運作之外。原則上,藝術村應該要主動鼓勵村民參與文化和地方發展事務,但在某些層面,這跟共產黨的村黨支部領導層角色相互衝突。

藝術村領導層和黨支部領導層之間的關係很微妙。舉例來說,藝術村領導接待大批湧入的遊客,榮獲好客的美名,功勞全歸於自己,有時卻未與黨支部領導打招呼,雙方關係也會變得緊張和尷尬。此外,如果遇到停電、水管結凍或遊客發生意外等狀況,村領

導會匯報黨支部領導層，請求協助，但後者卻未必第一時間處理，也造成一些摩擦。面對村裏氏族利益衝突和官方行政體系的挑戰，小程藝術村的民主自治步步維艱，但仍然稱得上是民主草根社群的先鋒嘗試。以下我將呈現縣政府和中央政府干預小程村的方式，以及民間藝術村如何成為持續建構社群、自我管理，甚至努力實現民主化的場所。

隨着遊客數量逐漸增加，許多遷移到城市的農民工逐漸回到家鄉，將老舊的窯洞翻新為農家民宿或提供當地特色菜的農家樂飯館，提供住宿加早餐的窯洞如雨後春筍般佔領整條主要道路，進一步促進小程村民間自發主導的文化發展。

地方政府也目睹小程開發旅遊業的成果，覬覦日益豐厚的利潤，2005年縣政府在村莊入口蓋了一座豪華窯洞賓館，並在觀賞黃河蛇曲地形的山頂上修建涼亭。這種在北京宮廷或皇家公園裏常見的明清建築風格的涼亭，出現在黃土高原其實格格不入，但村民和知識分子雖內心抱怨也只能不吭聲。此外，縣政府營運的賓館也開始影響了村民窯洞民宿以及剪紙藝術家的生意。2008年我再到小程的時候發現很多待在賓館的遊客不再拜訪散居在村莊各個角落的女性藝術家。有些遊客僅會到民俗博物館走一圈，拍拍黃河景觀的照片，而不再拜訪了解剪紙藝術家和她們的作品。觀光產業性質從一開始的文化取向到後來轉為大眾化的休閒型態，逐漸將早期充滿創意的發展排擠開去。

儘管中央美術學院未能於2005年將剪紙列為聯合國教科文「人類口述及非物質文化遺產」，剪紙最終仍於2006年被中國國務院認

定為非物質文化遺產。為了要激勵藝術村村民的精神和主動性，靳之林及其中央美術學院的同事費盡心思，2007年在小程村舉辦了國際民間藝術節，邀請非洲、法國、瑞士和保加利亞的藝術家出席；這場盛會的目的在於持續讓小程村村民參與文化發展的過程，增進他們與來自不同國家的民俗藝術家的交流，也為中國民間傳統的維護及保存爭取更多媒體關注。

很不幸地，延川縣政府新任的領導並不認為將剪紙列為非物質文化遺產有助於當地發展，所以拒絕批准這場活動。北京中央美術學院的知識分子和延川縣政府之間的多年合作最後不歡而散，前者最後直接取得北京市文化局的批准以舉辦活動，等於公然蔑視當地政府的權威；縣政府也不遑多讓，故意不派代表出席開幕儀式，且更糟的是，不為外國客人提供任何賓館住宿。但小程村村民與北京知識分子最終肩並肩站在同一陣線迎接國際來賓。舉辦國際民間藝術節的那年冬天非常寒冷（攝氏零下一度以下），而所有外國客人在四天裏都待在村民的窯洞內過夜，室內暖氣十分微弱且沒有現代廁所設備，但村民盡可能將窯洞內的炕床鋪上一層層被子加熱，又放下自己的農活陪同來賓，最後活動順利舉辦，取得成功。整個過程表明村民真心支持小程民間藝術村的發展計劃。

今天，縣政府繼續推廣小程村，視其為當地主要旅遊景點之一。然而在官方旅遊敘事中，縣政府不再推廣剪紙為活態文化的再現，只把剪紙當作一種地方藝術形式而已（《全景延安》編委會 2008:126），也沒有提到當地獨特的窯洞文化和地方性別文化。

除了縣政府外，中央政府也插手小程村。2006年，中央政府決

定在小程村旁建造黃河蛇曲地質博物館，包括3D影像放映及多層次展示廳。2008年我首次拜訪時，博物館大廳擺放着一座壯觀的長毛象化石，代表該地區具有古生物學的價值；主廳的展覽呈現各種不同的石頭、岩石和沙粒，個別標示「三疊紀」、「白堊紀」與「舊石器時代」的解釋文字。這項展覽透過座標、文字和礦物材料，追溯幾百萬年來黃河流域的氣候變遷、地質地形歷史及自然環境的演化。在看展覽的過程中，我很快就發現中央政府希望這座博物館能呈現出該區域的自然環境的歷史。這個展覽用專有名詞解釋蛇曲與峽谷地形如何經過漫長的沉積、風化及洪水衝擊作用而形成，目的在於建立黃河作為中國文明發源地的自然歷史敘事。

更有趣的是，在這個自然科學展覽中，同時包括中國共產黨的早期歷史，以及其抵抗日本侵略的艱難過程，暗示中國共產黨執政如同黃河蛇曲形成過程般自然合理，且具有歷史必然性。展覽最後提到當地習俗，包括秧歌歌舞、轉九曲（當地中國新年的遊行活動）等，但關於剪紙的部分僅提及一位男性剪紙藝術家及其代表作品〈龍的故鄉是黃河〉。

中央政府所打造的地質博物館，建築本身可視為官方重視地區地質資源和歷史，也同時是對該區域敘事主權的掌控。這棟座落於小程民間藝術村旁的龐大建築物，使村民主導的民間文化計劃顯得毫不起眼，也讓剪紙及其他當地習俗在漫長的自然演化過程中顯得沒有什麼重要性。地質博物館因此復甦了民族國家、歷史與科學宏大話語中的黃河，連結黃河與中國文明，並將後者視為自然演化的產物（圖2.3）。由中央政府發起的博物館透過科學、權威性的呈現方

圖2.3　黃河蛇曲國家地質公園外景

式，重新建構官方對於該區域的認識，而民間文化價值就當然不值
一提。

　　簡而言之，即便只是在小程村這樣的小小村落裏，中國政府的
不同層級都把自己視為文化遺產打造過程中的重要角色。豪華的窯
洞賓館、明清風格的涼亭、國家地質博物館、黃河文明的敍事以及
中國共產黨在該區域的革命奮鬥史，全都代表了政府的多重干預。
這些干預的目的為建立起官方對該地權威性的重新描述，間接或直
接蓋過淹沒民間或知識分子對當地歷史、文化及地方建構（place-
making）的貢獻。

從這個角度來看，文化遺產的計劃不僅是迎合都市消費者對農村的浪漫想像而已，事實上，民間文化復興對當地村民來說是宣示新身份、地方自主治理的施行過程息息相關。對於知識分子來說，更是一種探討另類民間歷史敘述的新嘗試。在很多實踐的過程，如何把一種民間文化變成文化遺產其實是草根嘗試對抗、協調霸權話語的實踐，而這種種都可能直接挑戰政府的敘事權威，是一種在地的抗爭。

敘事之戰：打造文化遺產

本章探討將剪紙打造為文化遺產的過程中，發生在小程民間藝術村的主動改造與多重干預，也呈現剪紙如何先被知識分子打造為社群文化實踐，之後再由村民重演這項傳統，以獲得現代發展、創意培訓及性別賦權。我沒有採取簡單的積極敘事，將知識分子和政府擺在服務人民的道德位置，並將小程村村民當成落後社會的受害者或得益者。我呈現的是文化遺產生產過程中複雜的多層交錯，其中包括北京知識分子打造中國民間文化的野心，延安當地知識分子對窯洞文化的意識覺醒，以及村民從全新的角度逐漸接受自身位置與傳統。

在 *Tourism and Modernity in China* 一書中，歐挺木提出「連結網絡」(a web of linkage) 的概念，以指涉旅遊發展計劃中不同參與者及其互相連結、衝突的方式 (1998: 189–193)。通過「連結網絡」的觀點來看，加諸於農村群體的政治、知識或經濟力量並非由上而下的簡

化概念，而是將許多參與者當作是在動態連結系統內的策略性主體。同樣地，將小程村打造為文化遺產地，正是多方勢力與利益相互對抗及合作的過程。

　　但「連結網絡」的觀點不足以解釋不同參與者之間微妙的權力競逐關係，以及參與者對當代中國關於傳統的霸權話語每一次的抵抗。以小程村為例，我認為打造文化遺產的過程是一場敘事之戰。通過「敘事之戰」的概念，我想強調不同於國家和共產黨官方話語的另一種理解。在打造小程藝術村時，北京知識分子的敘事與共產黨認為農民文化天生淳樸善良的簡化觀點大相逕庭，前者提出了對民間文化新的理解：豐富多彩、富有傳奇性並且極為複雜，充滿儀式性的圖騰意涵，根源可追溯至古代文明，並在農村社會的日常生活中普遍再現、重演。這樣以鄉土民間為主的敘事不僅挑戰了中國文化的精英傳統，也對共產黨政府一直以來認為農民因為受到壓迫，較易於接受階級鬥爭的革命觀點提出質疑。

　　無獨有偶，延安當地知識分子對保存文化遺產的敘事也有特定的想法。他們認定的窯洞文化不同於主流敘事，認為黃河文明在中國北方平原各區域皆是同質不變、具有一致性的。延安知識分子反而認為黃河民間文化為黃土高原這樣的地理空間所獨有，由窯洞建築、祭拜龍王和其他當地神明的獨特儀式所定義。而女性藝術家相應地也對民間文化計劃產生自己的詮釋，有的試圖對抗家庭領域中性別權力關係的不對等，有的是為自己找到了新的愛好，有的則希望能探索家鄉的地方性文化及性別意涵。簡而言之，延安當地知識分子和女性藝術家對剪紙這項文化遺產差異化的理解，進一步讓橫

跨不同區域、族裔及語言的黃河文明宏大話語更為豐富複雜,他們同樣宣稱獨一無二的陝北區域身份,雙方的觀點也迥異於北京知識分子所認為統一、本元且超越歷史的中國民間文化。

結論

文化遺產及其本真性,不能單靠評判文化遺產是複製品還是原作、是歷史上存在的還是當代發明。所有的文化遺產在某程度都是建構的產物,由歷史、寓言、傳說和事實編織而成,但這不表示文化遺產是假的;相反地,文化遺產的本真性某部分就在於由相互競逐的敘事引發的多重意義。在中國更是如此,由於共產黨政府常常密切掌控對地方歷史和傳統的詮釋,因此每一項文化遺產的打造過程都是與官方國家版本的「真實」相互競逐的重要過程,也造就了另類歷史事實和詮釋。我認為,就是這些不同的另類歷史觀點和關於傳統的新主張,構成了文化遺產的本真性和意義。

或許會有人批評小程村的地方傳統商品化,村民為了旅遊產業和賺錢而表演,但同時在小程村發生的一切變化,也是 2000 年後在城鎮化及農村衰落的背景下,對於農村群體的存在意義進行徹底的重新理解。如同大部分位於中國西北方的農村,小程村被「掏空了」,年輕人湧入城市,只剩下妻兒和老人留守。小程村民間文化計劃因此代表了某種對抗,對抗無所不在的城市現代性,以及村民離鄉尋求各種機會的宿命。這項計劃吸引了許多人回鄉做生意,也培養出一種對於農村群體與價值的新認知。

貝拉‧迪克斯 (Bella Dicks) 認為文化遺產不是逃離當下，而是由當下所促成 (2004: 13)，她認為文化遺產的打造不一定必然體現對保守過去的回顧，而應重現鄉土歷史、平民或工人階層的生活 (Dicks 2004: 132)。小程村的經驗也同樣顯示出村民吸收鄉土知識後，逐漸從全新的角度向外來者呈現地方文化。這整個過程讓村民意識覺醒，不論是對自身傳統、農村空間，甚至是初步的民主治理。事實上，小程村村民在這過程成為「反思現代性的展演者」(reflexive performers of modernity)，他們沒有機械的為城市消費者展演自己的習俗，獲取金錢，而是重新理解地方身份，連結自身的經驗，並緊緊抓住創業商機 (Oakes and Schein 2006)；同時他們也意識到更為廣闊的社會經濟背景如何建構他們的表現和農民的身份，在過程裏不斷演繹現代性與傳統邊界的標誌 (Schein 2000)。

小程村村民和延安當地知識分子能否維護這樣的鄉土歷史及地方重建計劃，仍是個莫大的考驗。在大眾旅遊時代，在政府並不十分支持地方創意計劃的情況下，如何維護另類的民間文化敘事與空間，並使其能對當地人民進行賦權，都是在今天中國復興民間文化、申報歷史遺產的大潮流下急需關注的問題。

第三章

陝北說書：
徘徊於政治宣傳與民間信仰之間

2004年7月13日晚上8點左右，在延安東部的貧困村黑家窪村，村民們聚集在村領導的窯洞內，等着觀看說書表演。說書人許師傅正在做準備。待許師傅準備好，他開始撥弄那把僅有三條弦的樂器——三弦琴，拍打綁在他左腿上的木製甩板，約莫彈了十分鐘後，許師傅微微瞇起雙眼，開始吟唱：

> 三弦耍板叮咚地響，各位同志坐兩旁，
> 今兒我們來到黑家窪村的村莊裏這是一片新氣象，
> 水便捷，路寬的闊，從延安直修在咱們的莊，
> 我們呀成天呀舒暢的好，梨樹楊柳排成行，
> 村民的生活呀大變的樣，家家戶戶電視啦吧哇哇響，
> 灶具呀瓦斯都全安上，咱們做飯呀免的不用受忙，
> 自來水吃到那水甕啊，幸福的生活是萬年長，
> 我們要在黨村部和村委會的帶領下，

把我們建設成延安的一個新小康，

我們鼓足幹勁，要相信新生活全靠共產黨。

　　許師傅這段充滿政治色彩的序曲，透露出「陝北說書」這種民間習俗、中國共產黨政府和延安農村社區之間錯綜複雜的關係。在不同的歷史節點上，「民間」被廣泛視為中國草根群體中各種文化話語及大眾實踐的總稱。杜贊奇定義這樣的領域為「權力的文化網絡」（cultural nexus of power），在二十世紀之前，清政府將民間文化網絡轉化為施展帝國權威並合法化權力的工具（1988）。

　　自1940年代中期以來，中國共產黨開始積極改革並挪用此一領域，以傳達革命理念，並為其統治尋求大眾支持。1949年後，新政府的文化政策確保不同的地方文化、藝術及文學都為國家政治、經濟和社會宣傳服務。因此先行研究大多將社會主義時期的傳統文化形式與內容，視為共產黨政府用來推廣宣傳國家意識形態的工具（Holm 1991; Hung 1994）；而在後毛澤東時代的經濟改革時期，傳統文化則轉為迎合城市或旅遊需求以聚集資本（Wang 2001; Schein 2000: 169–202; Griffiths et al. 2010）。有些文獻特別着眼於農村地區在重建地方認同及找回地方被摧毀的記憶過程中，傳統文化形式如何復興（Jing 1996; Siu 1989; Dean 1997: 172–194; Mueggler 2001）。然而，鮮有研究探討社會主義時期引發這些文化形式的政治內容和網絡如何延續至今。正如前述之現今農村地區的傳統復興過程中，村民不僅要與市場力量，同時也要與社會主義時期遺留的資產積極協商，這個領域的文化複雜性，至今仍尚待檢視。

本章將透過陝北說書——這項在中國北方延安地區十分普遍的曲藝習俗（Jones 2007，2009），也是社會主義時期宣傳共產黨政府的政治工具——來檢視這項民間傳統表演在當代農村日常生活中既不對抗國家政府、也不與其共謀串通，同時也不完全迎合城市旅遊產業或消費主義的特質。我認為民間藝人為農村居民開啟了一種準宗教的空間（quasi-religious space），供農村村民表達他們新需求以及共同關注的問題。我將檢視這項傳統的復興如何與毛澤東時代的大眾文化遺產緊密相連，同時回應今天延安農村地區農業變遷及農民跨地域流動的狀況。概括來說，這項傳統的復興為研究晚期社會主義中國的國家與社會關係以及農村狀況，提供了嶄新的視角。

我在延安市及其下屬兩個縣——安塞和延川所進行的田野調查，為本章提供了資料來源。在延安市，我深入採訪了五位說書人，他們全都是延安地區曲藝館的成員，隸屬市文化局；在安塞縣，我訪問了安塞曲藝社的負責人；在延川縣，我與11位延川曲藝社的說書人深入交流。其中大多數的說書人都參加過社會主義時期共產黨組織的學習班，有些年紀較長的成員備受推崇，被認為是表演藝術家。2004年7月，其中一位說書人許師傅，同意我陪着他四處表演，為期一個月；那段時間我們拜訪了延安農村地區的八個村莊，而本章大部分的資料就是在那時蒐集而來。在村裏表演的過程中，我發現許師傅並不單純在為共產黨做宣傳，也沒有大量的說書，反而是將表演轉化為一系列的宗教活動和儀式展演。

陝北延安說書：從農民到三弦戰士

在延安時期（1937–1947），中國共產黨不僅在陝甘寧邊區政府發動一連串的社會經濟發展運動，也開始與民間藝人緊密聯繫、合作，藉此在社會大眾之間建立信任感和政權合法性。而陝北說書這項饒富創意、運用生動方言的表演文化，在1940年代引起了共產黨的注意。

傳統上，陝北說書由難以耕種維生的盲人獨自演出，為偏遠鄉村村民提供娛樂。說書人藉由撥弄三弦琴發出的獨特音色和巨大聲響，[1] 融合民謠、古代民間故事、鄉野傳說、獨白和地方俚語，搭配木製甩板、松木板和銅鈴演出，一段說書表演即由歌曲、旋律、擬仿和戲劇性身體律動交織而成（王毓華 1993: 158）。陝北著名民謠研究者王毓華指出這種音樂風格是「吸收道情、眉戶、秦腔曲調秦腔形成的，還可追溯到道歌、巫神教、喪葬歌等」（1993: 6），然而，如同該地區絕大部分的農民文化，陝北說書必須被理解為當地廟會、紅白喜事、祈雨或巫神信仰的歷史性融合。因此這項民俗表演不僅承載了娛樂的功能，對村莊而言，這也是地方祭祖求神的一部分。事實上，正因為說書人能夠熟記各種干支紀年歌、歷史朝代歌以及名地名產歌等，被當成是知書達理的人，也常常被請到家裏為人治病（王毓華 1993: 9）。就傳統而言，說書人涉及廣義的宗教及儀式活

---

1 三弦琴是中國民間最普遍的樂器之一，陝北說書人用此獨奏，而在中國北方則被當成一種合奏樂器。三弦琴琴弦較長，琴身兩面蒙以蛇皮。

動，且特別擅長吟唱祈福儀式（Jones 2009: 31–33），其角色常與風水先生或巫婆神漢混淆。[2]

儘管具有儀式和宗教功能，陝北說書仍然在1930年代被共產黨知識分子選中，被認定為適合傳播共產思想和政策的最初幾種地方文化之一。1940年，陝甘寧邊區政府文化協會成立了「說書組」（Hung 1993: 399–400；王毓華 1993: 15），來自城市的知識分子如林山等人，與說書人密切合作修改「舊書」，將原先以帝王將相或才子佳人為主的故事，改造為「新書」——以農民苦難，以及革命帶來的變化為主要內容。[3]雖然改編後的新書是一項宣傳工具，卻不全是宣揚或灌輸共產黨意識形態，反而成為貧困地區豐富的文化資源，如同王毓華所說，「要是沒有共產黨，延安農村地區的文化貧瘠程度，是一年也見不到一次耍猴的臉」（王毓華 1993）。

在這場文藝運動中，韓起祥可以說是其中最成功的說書人，他雖然眼盲不識字，卻成為共產黨時代陝北最有名的民間說書藝人（王

---

[2]　說書人具有治癒能力的歷史由來至今仍不明，許師傅常常告訴我說書人的起源傳說跟一對黃姓兄弟有關，他們一人患有殘疾、另一人在某次犯下罪行後眼盲，兩人乞討時為了吸引更多觀眾而發明了三弦琴。Stephen Jones 書中有提及其他傳說，但未解釋說書人的通靈能力（Jones 2009: 40）。

[3]　新書並不一定是宣傳社會主義，也可能是由傳統故事精心改編而成，裏頭的傳統角色既未被刪除也未美化處理，而是強調老百姓的價值和重要性。從現存民歌和民間故事重新撰寫「新」書，是為了凸顯受壓迫者和壓迫者之間的區別（詳見陝西省曲藝志編輯辦公室 1985，王毓華 1993，于志民 2004）。網絡上有完整的陝北說書故事清單：http://www.zgya.com/zgya/sbss.htm（瀏覽日期為 2015 年 3 月 9 日）。

毓華 1993: 214–236)。韓起祥的代表作品《翻身記》,是一部描寫因為革命思想帶來解放、命運得以翻轉的自傳性作品,曾有成千上萬的觀眾(陝西省曲藝志編輯辦公室 1985; Hung 1993: 395–426)。在毛澤東時代,韓起祥的說書表演幫助共產黨政府贏得民心,獲得廣泛的支持,因此榮獲「三弦戰士」的稱號:「他的三弦就是機關槍,每句新書詞都是射向敵人的一顆子彈。」(王毓華 1993: 310–318)

僅有一位厲害的說書人是不夠的,在理想狀況下,需要很多個韓起祥邁入鄉間,傳頌共產主義思想(Hung 1993: 408)。為達成此一目標,共產黨開始進行大規模的培訓,光是 1946 年期間,中國483 位說書人就有 273 位參加「再教育學習班」,共改編超過 50 部舊書(袁福堂、王毓華、樊俊成 2000: 25–38)。1949 年後,文化廳將民間藝人組織起來成立「劇團」,約有 500 位被改造後的說書人到延安地區的偏遠鄉村演出。許師傅回憶道,在毛澤東時代,生產大隊領導會通過村廣播宣布說書人的到來,公社成員都歡呼雀躍來觀賞當時備受歡迎的戲碼《王貴與李香香》。[4] 陝北說書通常在冬季農閒時期演出,是農村集體生活中的主要項目,順便傳播國家政策。但即使在社會主義最為興盛的時期,也不是所有說書人都會加入政府主辦的劇團(Jones 2009: 55)。

說書習俗一路延續至改革時代,1977 年,延安地區曲藝館成立,這也意味着官方肯定了陝北說書對於新中國成立的貢獻。作為

---

[4]　《王貴與李香香》是著名的革命故事,描述在延安蘇區的年輕情侶如何對抗地主的壓迫、為自由奮鬥。

市財政支持的文化局下屬事業單位，曲藝館持續培訓說書藝人，為政府資助的晚會、文化節和慶典提供演出；[5]今天，在延安農村地區的大部分民間藝人回歸迎合廟會信眾的表演形式，但他們仍持續在表演中傳播國家政策（曹伯植 2005）。以下我將以許師傅為例，說明民間文化在當今延安農村地區曖昧不明的實踐形式和意義。

在黑家窪村的表演

2004年7月我陪同許師傅巡迴說書，我們前往的第一個村莊是延安地區的黑家窪村，這是個非常窮困、土壤貧瘠又交通不便的地方，村裏人口約莫300人，年人均收入大概只有2000塊。每年夏天，年輕人幾乎都跑到城市裏打工去了，村裏只剩下大概100個40歲以上的中老年男女，和最多20個小孩。許師傅和我抵達後，便住在村領導李大叔家裏，說書表演也在他家裏舉行。到了8點，約有40位村民聚集在李大叔的窯洞內，許多人坐在土炕（修建在窯洞中央的用土坯砌成的平台）上，[6]翹着二郎腿，手放在膝上或插進袖子裏，這是「老陝北」的經典姿勢。許師傅沒有坐在炕邊比觀眾位置高

[5] 1951年，說書表演從單人變成三人演出，之後在縣文化教育局的監管下變成四人劇團，樂曲曲調也增加至50種類型。1957年，延安市設立了曲藝館，納入了所有的說書團體（王毓華 1993: 15）。

[6] 早期炕是作為休憩、吃飯或社交活動之用，直到1980年代才有桌椅可用；今日炕通常位於窯洞後方，僅拿來當作床使用。然而在欠發展的村莊如黑家窪村，炕仍是重要的社交空間；說書表演那晚，炕就是觀眾的座位區，可容納15人左右。

的平台上，反而退到無人佔據的角落，有些觀眾甚至看不到他；但當許師傅一開始彈奏，每個人都能看見懸掛在樂器上的刺繡香包，正隨之擺動。

這場演出就像我參加過的很多其他說書表演一樣，許師傅彈奏的時候，觀眾們也各自進行自己的活動：老年人打盹、女人閒聊、小孩哭鬧。演奏大概過了10分鐘後，許師傅開始唱起本文開頭的那段歌詞，他唱着延安農村地區的新小康，有自來水、水泥路、電視和瓦斯爐，並將這些發展歸功於共產黨領導有方。接着又是15分鐘左右的樂器獨奏，曲調由鼓舞轉為莊嚴，許師傅再度開口，這次是為了請神來聽戲和祈求平安：[7]

> 上香上香快上香，喚過事主求上香。
> 請動大神來得緊，來在黑家窪村李家中領願心。
> 五海龍王請出水晶宮，巡河夜叉緊伺應。
> 清風細雨灑青苗，五穀田苗保收成。
> 請動五穀麻扎神，蟲狼小神我請動，
> 五穀麻扎神受香燈，扇糜子麻雀斷起身。
> 蟲狼小神受香燈，旋穀子黑蟲緊收定。
> 牛王菩薩請出金斗架，馬王菩薩請出抱廈廳。
> 溫常帝君請出丁王府，黑煞顯神請出黑煞洞。
> 山神請上臥虎嶺，土神請上八卦廳。

---

[7]　本段「還口願」書詞轉引自曹伯植 (2005)。我在田野過程中聽過許多還口願的段子，但因為說書人使用陝北方言，比較難懂，我記下的內容有很多偏差，所以這裏直接引用延安藝術家校訂的文本。

本宅土神也請動，青龍白虎左右分。
財神爺請上聚寶盆，喜神貴神請出喜晶宮。
門上請起二門神，鍋台上請起李灶君。
灶火請起火焰龍，炕上請起燒金龍。
投灶上請起風火神，煙洞上請起玄烏龍。
炕上金龍腳地神，窗子上請起姜太公。
腦畔上請起太歲神，十方萬里諸神都請動。
......

上八洞神仙受香燈，事主門上多照應。
保得老人壽上壽，生兒育女長成人。
保得合家得太平，一年四季不生病。
瘟災瘟難遠離身，榮華富貴萬年春。
中八洞神仙東西坐，紅鞋童兒繞殿門。
諸位菩薩受香燈，在李家門前多顯靈。
保得眼不花，頭不疼，腿不酸，腰不困；
老人康健娃娃乖，合家老少免了災。
下八洞神仙東西坐，哼哈二將繞殿門。
諸位神靈受香燈，事主就看你照應。
保得生金又生銀，一年四季發財興。
人走時氣馬走膘，走路踩開銀子窖。
騾子駝金馬駝銀，金牛送回來聚寶盆。
......

書說團圓戲唱散，今天的口願算還完。
xx神靈領願心，事主奠酒跪地平。
當初許願一句話，今日還願說書文。
黑筆點、紅筆圈，事主的口願算還完。

今日口願領起身，再不跟事主討願心。

今日口願還交零，事主門上保平穩。

　　歷史上，甚至直至今天，延安農村地區的陝北說書人會進行「還口願」的儀式，為家家戶戶求神庇佑，並用說書演出作為酬謝神明的方式。這項儀式涵蓋繁複的事前準備——設壇、焚香、朝天祭拜；並邀請神明前來觀賞表演。而不論是邀請諸神或驅魔避邪，祈神的形式內容都與歷史上中國北方村莊儀式與祭典中使用的誦經相似（袁福堂、王毓華、樊俊成 2001: 145–146; Jones 2009: 31–41）。後來的說書則兼具酬神與公眾娛樂的性質。這項儀式同時具備許多項功能：首先，這是家庭酬謝神明回應他們祈願的方式；其次是家人得到神明庇佑的場合；最後，街坊鄰居也會被邀請過來，還口願成為集體祭神儀式。

　　在黑家窪村的那晚，許師傅說了關於一匹餓狼如何拐騙人類、與牠為友的故事。隨着劇情發展到最後，主角被狼活生生地吃了——這是要大家小心詭計、提防陷阱的警世故事。但不是所有觀眾都專心聆聽許師傅的說書，有些村民在聊天，有些小孩甚至打鬧起來。一般舞台演出時，表演者會希望觀眾們全神貫注，但說書表演比較像是社交場合，或是村民勞動後放鬆的聚會。不過那晚在黑家窪村，仍有幾位熱愛聽故事的村民，在夜半時分許師傅吟唱結尾、彈起催眠般的節奏時，他們大喊：「別停！再來一個吧！讓我們再聽一個！」儘管許師傅筋疲力盡，仍挺起背來開始吟唱起另一個小故事。直到凌晨 1 點，人群才心滿意足地散去（圖 3.1）。

圖3.1   窯洞中，許師傅在表演傳統陝北說書。

以宣傳為名的祭神儀式

　　自幼因腦膜炎而視力受損的許師傅，一直都保持着隨和、務實、無私奉獻的性格，婚姻幸福並育有三名子女。他憑靠着微弱的視力，艱難跋涉於黃土高原和山間小路，在延安地區的許多村子裏表演說書。在八十年代，由於政府認可他對社會主義精神生活的貢獻，給予他延安市城市居民的身份；自此，許師傅便與其他五位說書人一樣，每個月領由延安市文化局發放的基本工資。我2004年認識他的時候，他的月工資有1,000塊。雖然許師傅現在已經退休了，但他每年夏天仍會拜訪延安周邊各個村莊，他稱這些說書之旅為「下

鄉」——這個詞之前用來形容毛澤東時代政府帶頭發起的運動，派遣城市知識分子到農村地區接受再教育、宣傳國家政策以及進行知識普及。許師傅提到自己下鄉時，給我的感覺是他把自己看成前往農村地區的政策宣傳員，雖然我懷疑他可能只是要多表演幾場說書、多些收入。

2004年夏天，下鄉的旅程開始。在踏入任何村莊之前，我們得先跟鄉鎮政府會面，也就是農村地區的最基層一級政權；許師傅會拿出他的宣傳證書，說明他計劃到哪些村莊、每個村莊會待上多久，而我因為陪同許師傅，也必須要向地方政府出示我的身份證件，表明我的研究目的。我們到了各個村莊，也都需要跟當地幹部確認我們已跟上級打過招呼，表示我們的來訪通過批准；每次離開村莊時，許師傅會從村領導或村委會幹部那裏領到一張條子，寫明來訪日期及報酬，向延安市文化局和鄉鎮政府證明說書人「有做他們的宣傳工作」。

儘管許師傅在黑家窪村的表演以宣傳歌頌國家政策開頭，也跟各級領導打過招呼，他主持的「還口願」的儀式還是令我吃驚。接下來兩天，他主要在村裏為村民看手相，家長們都大排長龍，等着聽許師傅預測他們（已婚或在遠方工作的）子女的現況或未來。

在第二個村莊王渠，村民請許師傅舉行「包鎖」儀式，保佑小孩免於疾病或厄運。家長告訴我他們想「包鎖」是因為孩子總是在半夜哭鬧，可能被某些髒東西（鬼魂之類）嚇到。這項儀式在正午舉行，先要設壇、焚香，準備好一碗穀粒，接着許師傅手持鈴鐺開始吟唱，並拿着一把鎖在嬰兒身上環繞多次；待香燒盡後，許師傅停止

吟唱，用彩色線繩把鎖掛在小孩身上，並給家長一個黃色三角形的平安符。家長則送給許師傅紅包，還有一雙新鞋，並要小孩叫他「乾爸」。當地人相信，小孩若經過這項儀式後認了乾爸，就能得到更多保護，不受惡鬼侵擾，能夠健康地長大 (Jones 2009: 35–38)。

在第三個村莊，許師傅白天和平時一樣表演說書，然而到了晚上，村領導王大叔來到許師傅過夜的地方，請求許師傅幫忙。他媽媽幾年前被診斷出乳腺癌，一直待在家裏沒有接受進一步的治療，但癌症給這位70多歲的老人家造成的痛苦實在太大了，王大叔不忍看自己的母親受苦，希望許師傅能做些什麼幫幫她。許師傅對王大叔坦承能做的有限，畢竟乳腺癌是很嚴重的病，他所能做的只有求神保佑，於是他設壇並敬香，祈求守護神前來。做好這些以後，他讓王大叔給他一些米酒，先倒了些酒在祭壇前的小杯子裏供給神明，接着請王大叔的母親脫去上衣，自己一口吞下半瓶米酒，再噴灑到老人家的胸口上，然後邊吟唱邊用米酒搓揉老人的胸脯。儀式結束後，王大叔不斷向許師傅道謝。從他們互相道別的方式，我知道許師傅認識這家人很久了，他舉行這項儀式是為了幫助老人家，而不是為了錢。

我和許師傅待在望家溝的時間最長，那是我們拜訪的第六個村莊，位於偏遠的山區。由於我和許師傅只能步行於幾個村莊之間，我在離開黑家窪村之後便失去了方向感，但我猜黑家窪是最靠近主要道路的村莊，其他村莊距離鄉鎮及市中心比較遠。事實上，每當我問許師傅我們所在的位置，他總是回答「後溝」，表示我們在山溝後方。

望家溝大概分散着30多戶人家，跟之前幾座村莊一樣，村民大多為老人。前來迎接我們的村幹部說，有些村民搬遷到其他村莊，有些則移居到延安市做生意去了，留下來的大多是中年人和老年人，大家長年耕種玉米、馬鈴薯和小米，僅僅是自給自足，因為運輸販賣的成本實在太高。隔天一早，我發現許師傅到望家溝不是為了說書。日出前我們便起床，一路步行到山頂上，那裏正在舉行廟會。步行時間約一個半小時，山坡十分陡峭，村民們肩負一箱箱的工具、水、祭品及為了廟會而準備的道具，但仍然步履輕快，迅速超越我向山上走。山頂上的寺廟是幾年前建立的，裏頭供奉的神明是黑虎靈官。

　　黑虎靈官為守衛陝北白雲山入口的神明，而這裏被認為是道教、佛教及儒家傳統諸神居住之地。當地人形容靈官騎着一頭黑虎，能夠趨驅避瘟疫 (郭于華2000)。現今延安有許多通靈人皆宣稱自己被黑虎靈官附身，吸引不少信眾前來問卜，而信眾捐款建廟作為回報神明的方式，並每年舉辦廟會。王家溝山上的廟會即是由此而來。

　　王家溝廟會上的通靈人──在延安被稱為「馬童」，坐在祭壇旁，問候信眾並跟他們交談。接待我們的廟會負責人曾經是村裏的黨支部書記，他告訴我他跟許師傅是舊識了，在毛澤東時代就互相認識。附近村莊共有100人左右來參加為期兩天的廟會，大多是為了祈福、求醫，或是詢問婚姻、未來，而來廟會的另一個目的就是為了參與「過關」這項當地儀式。這項儀式有個簡單的輔助工具，就是固定在木架子上的一口長達一米半左右的的大鍘刀。正午時分，當排隊等待的人數已經差不多時，廟會負責人便宣布儀式正式開

始。祭壇旁焚香之處，負責人誦經吟唱，表示驅魔並庇佑孩童之意，接着便上下移動鍘刀的刀柄，刀刃發出吱吱地聲響。7至10歲左右的孩童腰際繫着線繩，上頭垂掛着拖地的長長的乾草，每當負責人將地上的鍘刀舉到他頭頂高度時，就會有一個小孩穿過鍘刀走到另一邊，負責人再迅速放下鍘刀，將乾草斬斷。然後在鍘刀這一側等待的父母或者祖父母會非常高興地遞給孩子們乾糧吃，這也是儀式的一部分。儀式結束以後，大多數父母會在廟裏敬香，並捐錢給廟會。廟會負責人告訴我們，這個大鍘刀經過神仙施法，因此驅散附着在孩童身上的邪靈特別靈驗，尤其是容易生病的小孩（Jones 2009: 37–38）。

在廟會上，許師傅坐在祭壇旁的角落，不斷彈着三弦琴，同時吟唱。有時一些年長的村民圍繞着他，聽他説書，但大多時候沒有任何觀眾，他就這麼獨自唱着。廟會負責人告訴我，許師傅的表演主要是為了酬謝神明；因此，説書表演包含的音樂和吟唱成為當地村莊的慶典及文化網絡的一部分。如果協會有更多預算，他們可能會邀請一整個劇團，但負責人説許師傅已為他們表演多年，所以他會繼續邀請他來。

延安農村的新慾望與新挑戰

關於1990年代起中國的城鄉斷裂與區域發展失衡的先行研究已有很多（Wang and Hu 1999；孫立平2004a, 2004b；陳桂棣、吳春桃2004；Berstein and Lu 2003），隨着從教育費到肥料等必需品的通貨膨脹，農業被視為只能「賠本」，農耕對大多數的農村居民來説，已漸

漸成為無法獲利的行業，甚至大多人都認為在城裏收破爛都比種莊稼強。這樣的情形導致兩億農村人口流動到沿海城市打工，而農民工面臨許多困境，如工時長、工資低，要拋下在家鄉的孩子，在城市勉強生存（Chan 2001; Pun 2005; Fan 2008）。

　　雖然近來政府推出一些措施試圖打破這種城鄉不平等狀況，但2004年我待在延安的時候，並沒有感到情況有所改善。留在農村地區的居民以小孩、年輕婦女和老人為主，18到48歲的青壯年村民大多在外省打工，留下來繼續種地的人則重新回到原始的耕種方式，例如用人力背稻草或拉石磨磨小麥。[8]耕種賺不了錢，加上缺乏柏油路、水管和灌溉系統等基礎建設，嚴重限制了農村地區的發展。然而，人潮、城市的影像及資訊從不停止流動，回到家鄉的農村青年帶來了新的消費價值觀和城市的生活方式（Liu 2000; Gaetano and Jacka 2004）。路易莎‧沙因與歐挺木認為，大量人口流動顯示發展過程中固有的高度不平等與差異化作用，不是每個人都有能力遷移，而那些留下來的人面臨更多不安全感與被剝奪感（Oakes and Schein 2004）。因此，如同斯蒂芬‧瓊斯（Stephen Jones）所說，「地區傳統儀式的復興成為少數遺留下來的群體價值的表現之一。」（2009: 10）我更進一步認為，與其說說書本身具有價值，不如說這項習俗的精神層面的意義被重新評估，因為它見證了城市發展背景下農村地區面臨的種種慾望與問題。

---

[8]　　1970年代生產大隊有自己的拖拉機、磨坊和其他機械用具，但這些設備在經濟改革後皆賣掉或被私人非法佔有了（Meisner 1999: 463）。

大量農民前往城市打工，造成傳統農村家庭結構與價值的劇烈改變。一旦農村夫妻開始在城市工作，就必須把孩子留給村裏的老邁父母照顧，也增加了長輩養育幼兒的責任重擔。此外，年輕的移居農民工在城市生活後，傳統價值下的成功、道德、家庭觀念都會受到挑戰。就我拜訪的延安村莊而言，許多年輕男女在城市生活過一段時間後，就開始覺得很難結婚並回到老家定居，但他們的父母覺得孩子們將近三十或甚至三十幾歲還未婚，實在難以接受，或是件很丟臉的事。同時，複雜的異地關係對已婚民工來說也是沉重的負擔。隨着愈來愈多的夫妻在不同城市工作，有些選擇將另一半留在農村，婚外情及離婚逐漸變成農村新的社會問題。

　　事實上，許師傅被邀請到黑家窪村進行儀式表演，也是因為村領導李大叔得知剛進門的兒媳婦在南方打工時跟另一個男人跑了。李家請許師傅來是為了祈求神明讓媳婦快點回來，他們認為説書是比純粹燒香更有用的求神方式。這裏要特別説明的是，在延安農村地區娶媳婦是個沉重的負擔，新郎的家人必須積攢足夠的錢財，以支付給女方彩禮、為這對新婚夫婦建房（Liu 2000: 66–71）。偏遠且經濟困難的農村人家通常很難找到媳婦，媳婦逃跑了也是很痛苦的事。然而，這件事也映照出離鄉到城市工作的農村女性性別價值的改變，她們在農村家務範疇外找到了新的機會、伴侶以及個人發展的可能（Ma and Cheng 2005；馬傑偉 2006: 45–105）。

　　除此之外，外出成為當今農村地區最重要的活動之一。村民不再待在原處耕種，而是經常離開村莊，不是自己外出打工，就是靠出門在外的兒女供養，絕大多數的年輕人甚至定居在遙遠的城市

裏，也難怪祈求旅途平安的傳統日益重要，於是許師傅說書求神，就變得愈來愈有意義了。

現今農村地區精神層面的需求激增，我認為不能單純歸因於1940年代以前的說書傳統的復興，而應歸於農村與城市區域之間大量流動的勞動力、物品和情感。因為這樣的流動極度失衡，且拉大了偏遠農村地區與城市的文化距離，被留在農村的人們永遠處於等待家人消息的狀態，特別是那些年邁的父母，殷殷企盼在外工作的子女歸來。這些父母其實都知道，自己的孩子很可能在惡劣的環境下工作，薪水少得可憐，於是希望通過求神的儀式來緩解自身的擔憂。

我的意思並非陝北說書的復興全是因為農村經濟落後，我其實想強調的是，說書習俗反映出當代農村發展的矛盾。對村民而言，聽說書成為村裏罕見的社交機會，讓村民能夠聚在一起聊聊各種切身的憂慮：老人無人照顧，家人分隔兩地，年輕人在家鄉附近找不到工作而必須前往城市打工。每當許師傅在廟會吟唱，同時也創造出某種短暫出現的農村公共空間（public agrarian sphere），讓村民們能夠進行集體互動，說出自己和家庭的困難（Chau 2006: 11）。對於生病的村民如王大叔的母親來說，說書人的到來意味着精神治療與心靈安慰。對於其他人而言，聽說書也讓左鄰右舍可以開心地聚在一起聊聊家長里短。

簡而言之，民間說書的場合如此珍貴，不是因為村民變得愈來愈虔誠，也不是因為這項習俗是古老的文化傳統，而是由於民間說書成為 Megan Moodie 所謂的「連接平台」（platforms for articulation）；在這個平台上，偏遠農村地區的村民，不論是被留在家鄉的老人還是年

輕媳婦，都可以運用傳統文化資源來討論這個時代裏農村被掏空、家庭分離的迫切議題（2008: 462–263）。

結論

　　祭神儀式復興不只是農村現象，在經濟較發達的延安市也同樣蔓延，正如成千上萬城市信眾在每年農曆4月8日會特地爬上清涼山參加道教廟會。而我目睹人們大排長龍告訴許師傅和其他說書人自己的姓名、住處及困擾，等着聽五分鐘簡版的「祈福說書」或還願。在 *Miraculous Response* 一書中，周越認為在地方政府和地方宗教領袖互相合作的大型廟會活動中，宗教活動、經濟利益、地區知名度、當地政府的合法性以及集體利益通常會不謀而合（Chau 2006）。然而，如果政府批准的大型廟會活動允許公開祭拜和營利，造成了「紅火」現象——民眾熱烈參予的狀態，那麼我在偏遠村莊親眼目睹的儀式表演則截然不同。在偏遠峽谷內的村子裏，下鄉宣傳國家政策的許師傅身兼數職，在「灰色宗教市場」中主持各種治療儀式，當地政府官員對這類非正式、非法的宗教儀式和迷信習俗睜一隻眼閉一隻眼。[9]村民在這類儀式中積極述說個人遭遇，試圖緩解因打工潮及城鄉分化帶來的矛盾，而非僅僅透過傳統儀式尋找樂趣。

　　事實上，像許師傅這樣被認為能通靈的說書人現在需求量很

---

[9]　楊鳳崗提出「三色市場模型」來理解中國複雜的宗教情形，紅色市場（官方認可的宗教）、黑色市場（官方禁止的宗教）和灰色市場（介於非法、合法之間，允許存在的宗教）（Yang 2006: 93–122）。

大。一方面來說，許師傅如同歷史上、地方上普遍存在的「香頭」，這類人聲稱可以溝通陰陽兩界，村民會尋求香頭的幫助來醫治小病小痛（Dubois 2005: 65–85）。然而，從另一方面來說，許師傅也不完全是宗教人物，作為毛澤東時代一路走過來的說書人，他的這種角色和由此積累的人脈關係具有相當的重要性。許師傅反覆強調自己下鄉的事業與現在的工作單位、之前的宣傳員身份密不可分，他說如果沒有獲得官方批准，或是利用之前公社時期的人脈關係，沒辦法每年下鄉到別人家裏。我一路上觀察他與當地村民，特別是跟村支部書記或村幹部的互動，發覺許師傅受認可的宗教「能力」或他的「地方宗教知識」，不僅源於陝北說書的儀式傳統，也來自於他「公家人」（政府部門人員）及「熟人」兩者兼具的身份。村民的確不可能隨便相信任何人，農村社會的詐騙事件非常普遍；舉例來說，只有極為可靠且備受敬重的人才能作為「乾爸」在小孩身上掛鎖，因為牽扯到留守村裏的年輕媳婦和嬰兒。在這樣的背景下，許師傅的信譽和地位才特別被重視。他的說書表演不僅意味某種社交機會，讓人們互相分享面臨的問題、得到診斷或參與儀式，同時也凸顯了農村社會對具有「專業名聲」的可靠宗教資源的強烈需求（Dubois 2005: 83）。我曾看過許師傅的說書表演遭到拒絕，但那是因為村領導是新來的，對於他曾是下鄉宣傳員的身份一無所知。[10]

---

[10] 2000年，瓊斯提及說書人，認為他們「沒有政府的掌控會做得更好」（Jones 2009: 74），但我跟着許師傅的經驗是，他依靠之前在社會主義時期積累的人脈才有辦法在農村地區做生意；我認為這在老一代的說書人身上更是如此，眼盲的他們無法進一步發展更為寬廣的社會和商業關係。

總而言之，陝北說書可被視為一種帶有晚期社會主義特質的準宗教資源，在城鄉斷裂的背景下回應了地方社會和村民群體的需求。對當地的黨員幹部、鄉鎮官員和留守村民來說，說書人的到來代表着一種文化娛樂資源，讓村民在勞動後可以放鬆下來。雖然說書涉及求神儀式，但這些儀式也有助於減輕農村社會的焦慮，這對於地方官員要安撫年老的老百姓來說也未嘗不是一件好事。也正是因為說書人的多重身份，加上社會主義時代賦予他的公家人名聲，讓他在今日邊緣化的偏遠農村成為連官員都認可的、可靠的本真的敬神資源，滿足跨地域人口流動帶來的種種慾望。

　　陝北說書原先是政府主導的文藝下鄉運動的一部分，用來豐富偏遠農村地區的文化生活。今天延安農村地區不再面臨饑荒，但卻遭遇非常不同的挑戰，分散的家庭、老化的人口、無人耕種的農田，全都繁衍出新的焦慮與慾望。被改造成國家宣傳員的民間說書人不再四處宣揚社會主義的美好未來，而是為滿足村民的迫切需求提供各種精神許願祈福的需求。然而曾經的社會主義宣傳員和現在的通靈人兩種身份在延安貧困農村社區的結合，也是一種歷史的諷刺，因為這裏曾是早期共產黨領導立志要掃除迷信、推動社會改革，並為社會主義中國打造全新未來的地方。

第四章

説唱宣傳：從民間擠進單位

敲一下枱面往前來，
我給大家説質檢，
質量監控實要緊，領導都要來關注。
説質量，談質量，
質量真是個大問題，
質量產品齊歡迎，
質量差讓人憂心。

壞銅黑磚把大樓變豆腐渣，
問題爐子會引大爆炸，
汽車飛機不質檢把人撞，
問題飲料和井水更麻煩。

質量消費，
質量生產，

質量服務，

質量建築，

企業質量提升傳萬家。

2004年8月25日晚上，延川縣曲藝宣傳隊在一家國有企業單位
家屬院的空地上，演出這段叫做《質檢傳播至千萬家》的陝北說書。
隨後又講了一個小故事，描述一個叫小張的男人如何被騙買下昂貴
假藥。結尾歌詞如下：

黑心商販把人騙，

假農藥、假蟲劑、

假食品、假藥品、

假種子、假水泥、

假招工、假招生、

假朋友、假夫妻，

自私貪心傷天害理更害人。

注意假貨不輕心。

西部大開發，齊來學質量檢察法，

實行質量檢察法利國又利民，

學好法制，

用好法制，

認識法制，

開創美好家庭。

那一晚非常悶熱，在延川縣國有機械廠的戶外空地上，60位工人及家屬或站或坐在小板凳上欣賞演出。前方一盞大燈泡下，四位五六十歲的說書人演奏着中國傳統樂器(琵琶、三弦琴和木質甩板)，他們開場講了關於質檢法規的故事，之後又說起傳統民間故事《穆桂英》。說書人的吟唱聲透過數支麥克風傳送到觀眾耳中，大家全神貫注地聆聽，十分入迷。

　　在國企單位家屬院裏演出，把新聞頭條裏的假貨問題、產品質量法規和中國傳統民間故事放在一起，這是延安民間說書表演非常獨特卻又普遍的形式。就那一晚的表演而言，陝北說書人結合了兩件看似毫無關連的工作：為政府質量監督局的最新規章制度宣傳演出，以及表演傳統說書以供觀眾消遣。

　　這樣的民間表演絕對有異於西方對於中國共產黨政府的政治宣傳的理解 —— 過往西方總是認為中國的國家政治宣傳充滿極權、操縱的訊息，而近幾年則認為中國的宣傳政策轉向滿足人民對穩定、和諧社會的渴求。政治學家布雷迪(Anne-Marie Brady)提出，近年中國共產黨正積極參與鄉土社會的儒學復興並推廣儒學研究，從大學課程到黨員幹部的政治培訓，從而建構一種「國家儒學體制」，以此強化中國的孝道價值和「仁」的思想(2012: 60–75)。布雷迪認為，共產黨政府選擇中國傳統思想動員社會大眾，是為了要打造「中國模式」——一種排拒西方式的自由民主制度，但將中國傳統併入現代性之中的治理形式(2012: 57–75)。然而，前面提到的說書表演橋段，卻不能簡單地被理解為政府挪用民間文化以達到監管、治理社會的目的。

這樣的表演也不同於一般對民間曲藝表演的理解。傳統曲藝通常強調內容和形式上的傳統性、純樸感及歷史元素。舉例來說，美籍華裔攝影師嚴慶昭就曾形容陝北說書「這種古老的民間說唱藝術竟然還存活在這塊蒼老而美麗的土地上」。他寫道，「如果你遇上了一個盲書匠，請放慢腳步，不要錯過。靜下心來，他們吟唱的故事裏可能有你一生的尋覓。」（嚴慶昭、楊劍坤 2004: 145）對民間說書的懷舊再現，映照出一種簡單、帶點神秘但又飽含鄉土風情的自然風格，讓人們能從中找到真理和智慧；在都市攝影師、作家和民俗學研究者的作品中，這種再現方式非常普遍。然而本章開頭的說書表演，卻加入反諷的語調批評當今中國社會中最具爭議性的「假貨」問題。

本章檢視在延安市經濟發展較為落後的縣級區域內，國有企業和政府單位的民間傳統實踐。以陝北說書為例，我將展現民間傳統在生產過程中涉及大量工作單位的各種工作或者政策宣傳信息，偶爾也會推廣國家意識形態。這樣的民間表演與前面所說的意圖管控或者教化民眾的國家政治宣傳有很大不同。而我想指出的恰恰也是先行研究很少提到的部分──當今民間文化的生產與工作單位之間複雜的政治、商業和社會關係。我認為，民間傳統的生產愈來愈融入單位的公關和宣傳活動中，同時，單位活動也在城市化和市場化時代，為傳統民間藝術形式提供了新的發展、新的觀眾群以及表演空間。

本章的資料來自於2004、2008及2012年我在延川縣（位於延安市東部）進行的田野研究，我參與了每年8月舉行的延川縣曲藝宣傳

隊訓練，訪談宣傳隊共12名成員，並跟着他們在不同工作單位尋找演出機會。我也訪問了延安最有名的説書人之一曹伯炎，以及該地區最具有權威且作品眾多的編劇曹伯植。

延川縣曲藝宣傳隊

　　延川縣下屬的延川鎮是一個典型的中國內陸小鎮，位於盆地中的小鎮被一條河一分為二，四周圍繞着丘陵和山脈，上面是一排排的窰洞。2004年，鎮上大概有兩三條主要的街道，兩旁有小餐館、麵店、手機行、照相館、一家超市、兩家銀行，以及其他販售家庭用品、饅頭麵餅、雜貨和衣物的小攤子。其餘所有小道都是泥土路，大多建築物是1980年代早期建成的，介於五到七層樓之間。最顯眼的建築是政府辦公大樓及兩家飯店，矗立在幾百棟農舍般的磚房和窰洞之間。擁有嶄新教學大樓和完善設施的延川小學及中學，位於河岸另一邊較為寬敞的住宅區。河上的大橋是人們每天生活的必經之地，早上那裏也是熱鬧的市場，有各種粥麵、包子饅頭和其他熱食攤位。附近村民把貨物擺在地上販售，有水果、堅果、皮草、麵粉、肉類、中藥藥材、衣服、五金和農具。小販忙着與討價還價的買家周旋，上橋下橋，將一箱箱的貨物裝載到驢子身上。跟延安市相比，延川縣城市化程度較低，大多居民都從事農業相關的工作。

　　曹伯植老師和我抵達延川鎮那天，氣溫特別高，陽光炙熱到人們幾乎全躲到室內去了，整個街道空蕩蕩的。我們走到主路的盡

頭，開始踩在泥路上時，很快右轉進入又暗又髒的巷弄，裏頭有一棟破舊的建築物——南門旅舍，這就是延川縣曲藝宣傳隊每年進行訓練的地方。我踏進了說書人的房間，因為光線反差過大，眼前突然一陣灰濛濛的看不清楚，但刺鼻的尿騷味混雜着菸草的味道馬上喚醒了我的感官。我發現自己身處於兩座炕之間，這兩座炕幾乎擠滿了8平米的房間，只剩下炕中間狹長的通道。炕上或坐或臥着12名眼盲的男子，有老有少，有些正在輕輕撥弄樂器。這些說書人發現有人進來，其中一人眼珠轉了轉，露出混濁的眼白和瞳孔，問道：「誰？」曹老師馬上大聲回答：「是我！」顯然，說書人都認出這聲音。後來我問曹老師跟這些說書人怎麼那麼熟，他笑着說：「我是聽他們的故事長大的。」

每年這12名視力不便的說書人都要待在南門旅舍，進行一個月的集體排練。旅舍老闆為宣傳隊提供優惠價，每晚僅收兩塊錢。這些說書人來自延川縣不同的村莊，但在鎮上的這一個月期間，宣傳隊的目標是盡可能在不同的工作單位——政府部門、國有及私人企業找到表演機會，一起賺取收入。訓練結束後，他們便回到自己的村莊，在廟會上演出，或為村民舉行「還口願」儀式。

請工作單位預定演出

8月10日那天，我一早醒來，便發現已經排練一週的說書人開始在鎮上「定書」（請工作單位預定演出）。定書的意思就是宣傳隊派出三四名代表，其中至少一人尚有部分視力，到不同的工作單位詢

問資助演出的機會。宣傳隊領導友善地讓我加入他們的定書行列。那天早上，高師傅和陳師傅的目標非常明確：拜訪延川縣政府大樓。

　　有些政府單位當天早上正等着宣傳隊的年度拜訪，我們走進位於縣政府大樓的統計局，一名女官員親切地接待我們並為我們倒茶。從兩位師傅與她的對話中，我可以感覺到他們很早就認識彼此了。閒聊了一會兒以後，她遞給說書人一張紙，上頭列着幾項即將展開的人口普查工作，她告訴我統計局很高興能根據接下來的普查計劃提供唱詞和劇本，並在全國人口普查期間請宣傳隊在農村表演。她開玩笑說，說書人在普查員前往農村挨家挨戶蒐集資料前，能先擔任「宣傳員」的角色，因為光看電視新聞標題，很多農村地區的老人可能無法理解人口普查的意義，而且如果村民喜歡這樣的表演、在普查開始前就清楚某些細節，普查工作會更有成效。一大早我們確定了一場表演後，便開心地離開了統計局。

　　接着我們跟教育局的工作人員碰面，顯然在這次拜訪前宣傳隊就已跟延川的學校確定好一場演出了。那年夏天，宣傳隊在延川小學的表演到場觀眾最多。那場校園演出吸引了超過100名師生，表演開始前由校長介紹陝北說書是地方傳統藝術，學生應了解其作為文化遺產的重要性。當晚的主要表演是民間傳說《寶蓮燈》的說書版，講述一名仙女在下嫁凡人後遭到囚禁，她英勇的兒子如何奮力拯救母親的故事。小朋友全都沉浸在故事中，一直看到9點。中場休息時，我看見有些孩子恭敬地攙扶盲眼說書人到洗手間。

　　我可以想像對說書人來說，跟縣立小學確定一場表演沒那麼困難。小學是縣裏的主要工作單位，可以用文化教育或課外活動的名

義舉辦説書表演，對學校而言，推廣陝北説書這項傳統兼文化遺產也很具有正當性。事實上在那一晚表演後，説書人承諾他們隔年會再來演出。

那年夏天另外一場非常成功的演出，就在本章開頭提到的延川縣國有機械廠舉辦。説書人之前已跟質檢局定書，相關工作人員提供了打擊假貨、推廣質檢法規的唱詞。那場表演共吸引了大約60人。説書人告訴我他們幾乎每年都來這裏表演，已經持續超過十年。而這家縣城裏重要的國有企業也總是邀請説書人來參加年度員工晚會。當晚，説書人通過表演宣傳了質檢法規和「西部大開發」的政策——一項將政府與私人投資拓展至中國西北部的經濟發展策略。[1]

延安國有企業的員工通常有較高的社會地位，享有不錯的福利，且有工作保障。許多國有企業安排娛樂節目，甚至是旅遊機會，以提升員工的榮譽感和對企業的忠誠度。然而，自1990年代起一系列的經濟改革及市場競爭，使得有些競爭力不強的國有企業開始接不到足夠的訂單，獲利不佳的企業因此安排年長的員工提前退休，員工仍會領到一筆不錯的薪水，也享有原來的福利，但無須去單位工作。比如在延川縣機械廠，就有不少員工提前退休。那晚的表演因此成為繼續上班的員工和提前退休的員工的大聚會，大家相

---

[1]　「西部大開發」政策於1999年開始執行，目的是促進中國西部地區的經濟發展。一直以來，西部地區不論在GDP或社會經濟發展方面都遠遠落後於東部沿海地區。這項政策包括六大省份（四川、青海、甘肅、雲南、貴州及陝西），五個自治區（西藏、新疆、寧夏、廣西和內蒙古）和直轄市重慶，目標是將工程建設和經濟投資拓展至前述的省份區域，以開發利用該區的自然資源。參見David Goodman（2004）。

互擁抱，小孩在旁玩耍嬉鬧。說書表演雖然不可能減輕下崗帶來的感傷，但卻讓「早退員工」有機會再度以國企員工的身份，驕傲地歌唱並和老同事碰面。更重要的是，每個人都很享受當晚的主要娛樂活動——陝北說書表演。說書人變魔法般將質檢法規、消費者權利、國家宣傳、國有企業形象以及員工娛樂這些看似相異的元素成功地融合在同一場表演之中。

　　但說書人不一定都能「定書」成功，那天在延川縣政府大樓我們就被拒絕了兩次。第一次是在共青團辦公室，高師傅和氣地向兩名年輕官員說明來訪目的、出示宣傳證書，等待回覆。然而其中一位舉着報紙擋住臉的官員卻說不用。因為我們沒有離開的意思，他便將報紙放下，擺擺手說：「走吧，我們不要。」他發現我們沒有任何回應，語氣稍稍和緩下來：「我們這個部門只有四個人，沒有預算給你們。」宣傳隊沉默了好一陣子後，陳師傅在沙發上坐下來，然後高師傅也坐下來，點了煙遞給官員，接下來10分鐘他們三人就這麼抽着煙，但沒人說話。整個辦公室煙霧茫茫，氣氛非常安靜、壓抑。最後，官員放了50元人民幣在沙發上，兩名說書人看着鈔票說：「我們有12個人，50元不夠，我們想要一場演出。」又過了五分鐘的靜默後，我們便留下錢離開了。

　　我們沒有離開那棟大樓，而是直接往另一側走去，來到縣婦聯辦公室。婦聯是中華全國婦女聯合會的簡稱，是由政府成立、促進婦女權利的全國組織，縣婦聯主要做一些農村基層婦女的計劃生育與健康工作。那天在辦公室裏有三位女員工正忙着收拾盆栽，地板上擺着數個花盆。我們跟着她們一起蹲下來，高師傅首先開啟話

圖4.1　説書人聚集在延川政府辦公室，希望能安排表演。

題，提議説書隊可以演出跟「獨生子女政策」相關的主題，例如「生男生女都一樣」、「計劃生育，丈夫有責」等。但那次拜訪也不怎麼走運，三位員工冷冷地重複跟共青團領導差不多的説詞後，即揮手要我們離開。

　　還有另外一次是我跟三位説書人一起到中國電信延川縣分公司，希望他們能安排演出。中國電信是全國第二大的通信公司，延川縣分公司位於在延川鎮中心一座十分現代化的大樓的二層，辦公室明亮又寬敞。接待我們的年輕職員不斷表示經理不在，他無法做任何決定，但説書人待在辦公室一直不走，堅持要獲得演出機會。

等待詢問了好長一段時間後，羅師傅當場大發脾氣：「我們已經來了五次，每次你們的經理都不在，他是不是躲起來了？你在掩護他！你對殘疾人一點同情心都沒有。」他迅速切換成政治口吻說：「我們仍活在社會主義社會吧，關心殘疾人是理所當然的，要是我們活在資本主義社會裏，我就不會過來啦。」

羅師傅最後爆發的政治化言詞，其實透露了這些說書人如何看待自己作為盲藝人的身份以及其傳承曲藝文化的核心價值：殘障人士的謀生權利，以及單位支持這種權利的社會責任。整間辦公室一陣沉默，年輕職員愣住了，意識到問題的嚴重性，他馬上打電話給經理並要求說書人出示宣傳證書。確認說書人的「官方」身份後，便付給他們120塊，但沒有安排演出。

在下文中，我將闡述民間傳統與工作單位體系及單位運營、公關活動，以及某個程度上來說，單位的社會責任之間緊密的關係，這在縣城和鄉鎮裏表現得尤為明顯。接下來我先簡要回顧一下延川曲藝宣傳隊的歷史，大多數延川說書人都來自於此，然後再分析現在宣傳隊與政府、單位之間複雜的社會主義關係和商業關係。

陝北說書：社會主義文化安排

1964年，延川曲藝宣傳隊由四位在延安參與說書訓練的人——郝能、吉鳳祥、呼興才、康明義創立。訓練結束後，他們回到延川

鄉間表演那些呼應國家階級鬥爭教育和「學雷鋒活動」[2]的故事，說書曲目包括《雷鋒參軍》、《機關槍》和其他傳統作品。後來宣傳隊增加到10人，開始表演知名說書人韓起祥的作品，如《翻身記》、《劉巧團圓》和《宜川大勝利》。在文化大革命期間，宣傳隊改名為「毛澤東思想曲藝宣傳隊」（曹伯植 2005: 186–190）。

紀念韓起祥的相關文章讓我們更能理解1960、1970年代說書的影響（韓起祥1985；胡孟祥1989；李若冰1993）。韓起祥是毛澤東時代最出名的陝北說書人，唱出了鄉間疾苦，幫助共產黨政府贏得民心的支持，推動革命。在他回憶生平時，以自己的故事能帶給大家力量為榮，他寫道：「每次我說完新書，都會聽到閨女給她父母說：你再也不能想法賣我了，再賣我，我就到政府去告你。或者老婆給丈夫說：你以後不能折騰我了，要不我就學張玉蘭。」[3]（韓起祥1993: 296）曾和韓起祥一起工作的知識分子林山，在某篇讚賞韓起祥的文章中回憶其說書造成的「深刻影響」：「楊家窰子有個姓劉的農民，聽了韓起祥說劉四虎的英雄故事，很受感動，馬上叫他的老婆做了一雙鞋子，送到前線給劉四虎。楊老莊的群眾聽了韓的《反巫神講衛生》之後，自動組織起衛生小組來，挖茅廁，打蒼蠅。」（林山1993: 269）

2　　共產黨將雷鋒塑造為社會主義象徵，幾十年政府來通過媒體不斷宣傳「學雷鋒活動」。雷鋒是個模範軍人，除了在思想上、政治上跟隨共產主義以外，他勤奮上進、樂於助人，總是為了大眾與國家利益犧牲個人利益。他的行為被公認為發揮了社會主義中「我為人人、人人為我」的精神。

3　　張玉蘭是韓起祥創作的作品《張玉蘭參加選舉會》的女主角，這部作品講述選舉運動中農民尤其是婦女公開批評幹部的有關情況。

雖然這些文章很可能誇飾了韓起祥說書的成效和觀眾的反應，但也透露出陝北說書在地方上受歡迎的程度。加入社會改革思想的民間傳統在當時探討非常實際的社會問題，如村民的宗教信仰、嫁娶習俗和社會福利等，也會大膽觸及較為敏感的話題如家暴和女性權利，描繪英勇戰士的軍中情節當然也是故事的動人和誘人之處。1960年代，住在延安偏遠山區農村的人們很難外出，糧食也不足以果腹，在這樣的生活條件下，可以想像他們有多期待看到說書表演。民俗學家忽培元深入描述這種狀況，形容說書人「傳播着文學、歷史和民俗學的種種知識和信息，傳播着偏遠閉塞的山裏人所無法得到的種種寶貴消息，撥亮心靈的燈，為人們的智慧插上理想的翅膀。」(忽培元2000: 33)

在毛澤東時代，陝北說書成為一種社會主義文化安排，是成本低廉但廣受歡迎的地方娛樂。這樣的安排同時達到好幾項目標：豐富工作單位和農村社區的文化，僱用殘障人士，並滿足了政府希望推廣國家政策的需求。雖然名稱中有「宣傳」二字，他們也的確在推廣政府政策，但說書團隊跟西方刻板印象中，極權政府用來管控、影響大眾的審查部門非常不同。許多說書故事無疑跟國內的階級鬥爭、愛國主義或反帝國主義相關，但若要轉化為地方農村題材，說書人必須要融入人們日常生活關心的事物，才能引人入勝。就許多方面而言，說書模糊了國家政策宣傳和文化娛樂的分野，使政治主題變得有趣，甚至頗具吸引力。此外，將視障人士組成曲藝宣傳隊也是一項聰明的社會福利政策安排。張師傅曾經驕傲地回憶道：

我們六個宣傳員一起下鄉，一到公社，生產大隊隊長就把我們安排進幾個老百姓家裏，大隊給這幾戶每天分二兩穀子當成我們的伙食費。文化局給我們寫好了推薦信，生產大隊會按照信裏的指示把我們送到下一個大隊繼續演出。我們到各地說書都算工分，回自己村就可以領到口糧。

我可以感覺到張師傅回憶時的強烈榮譽感，以及他因此獲得的力量。他回顧自己和其他說書人當年的表演歷程，說書人一路巡迴演出，一路受到村民的熱烈歡迎。與其說他們要「散播」新政府的政策，不如說當時後的盲藝人不但渴望滿足村民娛樂需求，也渴望受到社會尊重。重要的是，文化工作者也不一定完全就失去了自身創意的自主性。對來自農村和社會底層的民間藝人來說更是如此，他們為偏遠山村和底層人民帶來娛樂和外界信息，民間藝人的努力並不只是為了共產黨政府的教化，也是為了大家共同的未來（Schein 2000; Mittler 2012; Hung 1994）。而普通人民喜歡聽書，就意味毛澤東時代民間文化表演裏出現的宣傳內容，並不可能完全是共產黨政府為了管控社會及政治強行加入的（Schein 2000: 176–184）。

自從人民公社在1980年代初始停止運作後，這樣的社會主義文化安排也逐漸改變。今天，延川曲藝宣傳隊仍隸屬於文化局，領取文化局核發的表演證。表演證能說明他們殘障的狀況，容許宣傳隊繼續在農村和工作單位演出（圖4.2）。某種程度上，民間說書人延續了社會主義文化安排的精神，可以在市場經濟時代仍到不同單位演出。但如前述所言，現今有些工作單位已經不願意再付費觀看表演，尤其當他們的工作跟深入群眾無關時更是如此。

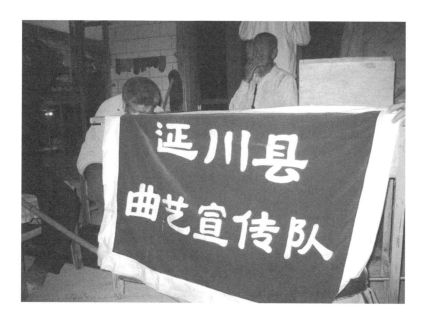

圖4.2　　延川縣曲藝宣傳隊

　　然而，陝北說書在當今的市場經濟中並未被淘汰，反而愈來愈受到歡迎，甚至在某些情況下，跟工作單位建立起更緊密的關係。以下我將描述民間實踐如何通過新的方式進一步轉化，與各種工作單位或單位公關活動交織在一起。

單位活動、民間傳統與國家意識形態

　　在延安，人們可以在各種不同場合看到說書表演，包括政府主辦的農曆新年大遊行、單位晚會、員工聚會和頒獎典禮，當然還有農村的廟會上。說書是一種以鄉土俚語、詼諧歌詞、快速的節奏和

傳統三弦琴為特色的民俗說唱,在地方上一直都頗受歡迎。舉例來說,延安最有名的說書人之一曹伯炎,就曾在《春節聯歡晚會》中出場。他不僅在前國家主席胡錦濤面前表演過,也登上世界各國的舞台;他的DVD專輯在延安各大百貨公司都買得到,在當地的媒體曝光度也很高。2004年及2008年,我剛好有機會到曹伯炎的工作單位,也就是延安曲藝館進行訪談。曹伯炎是個受過教育、視力正常且受過專業訓練的說書人,他用普通話混合陝北話表演,跨越了不同省份及地方語言的差異,讓普羅大眾更能理解說書。近幾年來,他甚至將這種音樂類型帶到法國、比利時、荷蘭、越南和南韓(曹伯植2011: 473)。當談及他的藝術生涯時,他很驕傲地跟我說,因為受到太多單位的邀請,以至於他有時都沒時間為自己的單位演出。曹伯炎在單位的月薪不高,但在其他單位或公司表演一場,就可能賺到比月薪還高的收入。

2008年,曹伯炎向我展示了他為延長縣一家大型石油公司的員工表彰大會而創作的一段歌詞。這個表彰大會叫做「抗震救災,共迎奧運,提高產量」,聽起來有點奇怪。但那時是2008年7月,剛剛發生人類史上數一數二的大災難——汶川大地震,四川省有將近7萬人遇難。然而同年8月,北京即將舉辦奧運會,中國政府面臨極大的救災壓力,但又要主辦國際最重要的盛會。就在這個時間點上,石油公司邀請曹伯炎為油田工人表演說書。這首歌叫做《讚職工》,以下是我節錄的一段他寫的歌詞:

四川發生大地震,全國人民齊悲痛。

抗震救災眾志成城，石油工人獻愛心。
一方有難八方支援，石油人和災區人民心相連。
獻上咱們的情一片，共同建設他們的新家園。
地震災害暫不明，歡天喜地迎奧運。
奧運會馬上要召開，廠部勞司作安排。
帶着領導們的一片真情，把一線的職工來慰問。
送來了茶，送來了糖，還給你們送來精神食糧。

工人姐妹弟兄你們辛苦了，安全生產你們立功勞。
為生產你們頂風冒雨受盡風寒，
為生產你們烈日炎炎汗濕衣衫，
為生產你們棄親離家常住鄉間，
為生產你們滿年四季見不到親人面。
你們安全生產有保障，埋頭苦幹為產量。
石油工人各個像小老虎，戰天鬥地一聲吼。
湧現出不少模範標兵，單井年產噸。
前半年任務超額完成，為油田立下了汗馬功。
兄弟姐妹們，
你們成績真不少，全廠同志都知道。
用不着我再細介紹，說上幾個小段把敬意表。

這首《讚職工》與「抗震救災，共迎奧運，提高產量」的主題十分
契合，呈現了民間說書表演在當今複雜的角色和意義。通過傳統說
書吟唱風格，以及三弦琴和甩板的伴奏，這部作品將截然不同的主
題拼湊在一起：為地震傷亡哀悼，迎接北京奧運的到來，還有讚美

油田工人的生產力。就員工表彰大會的背景而言，最後那段肯定工人勞動的歌詞頗有道理，但為什麼要把汶川大地震和奧運也加進來？曹伯炎向我解釋，提起地震是為了跟工人募捐；地震發生後，到處都在呼籲要捐款救災，所有單位——包括政府單位、私人企業甚至學校，全都競相提高捐款數額，甚至有企業舉行記者會宣布捐款總額。所以，歌詞第一部分是為了要鼓勵工人捐錢，希望能增加公司捐款總額，提高企業的慈善形象。但在員工表彰大會上只提到地震災情和集資捐款，實在有點彆扭，因此歌詞裏也提到奧運，改善沉重的氣氛。同時，宣揚2008年北京奧運，並藉此呼籲民族團結、萬眾一心，也是所有單位的義務，特別對政府部門和大型國有企業來說更是如此。身為延安主要的國企，這家公司當然必須積極推廣奧運，難怪歌詞中提到勞司部（就是今天的人力資源部），也就是除了負責管理人事外，還得確保共產黨的政策傳達到單位的各個部門。

員工表彰大會在世界上各地都有，通常是用來培養團隊合作、忠誠和競爭力等公司強調的價值，或者就是所有員工的放鬆聚會。但是在中國，這樣的聚會包含了更多意義，尤其在重要的國營單位中，這是向員工推廣最新的共產黨價值取向和政治宣傳的場合。一直到2000年，延安某些重要單位仍持續舉辦員工的政治課。這股風潮到了今日逐漸消退，在私人企業中可能已不見蹤影，但政治宣傳和意識形態教育並未消失，單位在宣揚共產黨價值取向或官方政策時會更加微妙，逐漸與其他活動融為一體。這也就是為什麼在單位的員工表彰大會中，除了宣傳公司的理念外，通常也要加入共產黨

政府最新的政策和口號（李菁 2015，劉瓊 2015）。

　　政治工作很不容易，政府部門和國有企業一般都認為很難將國家或意識形態口號跟地方社會或者工作連結在一起，更別說是公司本身了。舉例來說，「和諧社會」這個口號，源於胡溫政府希望應對農村地區隨着城鄉差距加大而逐漸加劇的不滿。但是放在商業背景之下就顯得很怪，若放在文化節目中就合理多了，「和諧社會」用於地震災情、勸說工人捐款救助災民的情形下，就能將標語變得更為切身，呼籲各省份的人民團結一致。另一個例子是 2004 年延安政府宣傳國家的「西部大開發」政策。說書人當時在機械廠單位家屬院表演這個主題，就沒能引起下崗工人的興致，因為工人很難看出自己如何能在各種潛在投資機會中獲益。他們可能會更覺得質檢法規的宣導跟自己的生活息息相關，除了今天假貨氾濫，他們作為機械廠的人員，抓好產品質量也是當前任務。當天晚上說書人表演《穆桂英》，成為吸引大家留下觀看幾個小時的主要原因，在這樣的場合中，民間傳統的特色十分亮眼，大大勝過國家和政府的宣傳信息。

　　的確，現在每個單位都積極安排所謂的「公關活動」，以獲得媒體報道和大眾關注。不管是政府單位還是私人企業，都需要公關場合來推廣自己的品牌、公司形象、新的宣傳計劃和產品。光有發言的記者會無法吸引群眾目光。但公關活動卻能用不同形式舉辦，包括發放免費試用品或舞台表演。這就解釋了為何陝北說書在延安成為這些活動的主要節目。說書作為一種非常地道的大眾說唱文化，特別適合作為公關活動，因為它除了推廣工作單位的業務外，也同時為觀眾獻上精彩的演出。陝北說書的說唱形式就像一種饒舌曲

風，把正式的發言和意識形態標語轉化成有趣的歌詞、押韻的字句和地方方言。無怪乎當我詢問曹伯炎為何有這麼多受邀演出的機會，他直接了當地回道：「宣傳啊！」

結論

　　當今中國的民間傳統，不管是藝術形式還是內容，絕大部分已脫離共產黨政府的掌控。然而，民間傳統與某些地方政府、單位產業之間的連結和關係變得更為緊密。現在民間傳統必須逐漸適應於不同的宣傳場合、記者會和各個單位的員工活動。而同時，宣傳企業理念和國家意識形態的單位活動，也為傳統民間藝術在城市化和市場化時代帶來新發展、新觀眾和表演空間。不僅是說書，剪紙也是如此，成功的剪紙藝術家都是能與單位保持良好合作的人。藝術家會根據單位特定的品牌形象，設計剪紙樣式，製作出獨特的剪紙作品。許多單位喜歡訂購這樣的手工剪紙作品，作為公司禮品或紀念品贈送給合作夥伴。可以想像剪紙藝術家如何跟特定單位(特別是地方旅遊部門、博物館和歷史景點等)密切合作，以增加銷售量。許多藝術家也積極前往單位活動現場表演剪紙，以期增加曝光率。

　　到最後很難判斷到底是工作單位為了自我宣傳借用了民間傳統，還是民間藝人通過工作單位的平台實現傳統復興。但可以肯定的是，若將民間傳統純粹視為共產黨政府宣傳的工具，絕對是錯誤的理解。即使民間說書的演出承載了某些國家意識形態，也都只是儀式性地快速帶過，相較於作為核心的傳統內容，根本不佔多大比

重。因此,將焦點放在地方政府、單位和民間文化表演者在整個過程中相互滲透、競逐的關係,不但更有意思,也更具洞察力。

在本章中,我呈現了民間傳統的復興及熱度的重燃,與晚期社會主義時代單位制度、單位事項、企業發展及文化之間的關聯。民間說書很適合在眾多單位活動和公關場合演出,在延安也愈來愈受歡迎。但現在民俗表演和之前毛澤東時代的宣傳有很大不同,也就是階級政治的缺席。在毛澤東時代,照顧貧困人群和殘障人士是城市地區的工作單位和農村地區的人民公社的責任。過去邀請盲人表演說書,融合了工作單位社會責任、聘僱殘障人士、員工娛樂和對農村貧苦大眾提供文化生活的多種功能,但今日這種照顧社會弱勢團體或者農村生活的氛圍已不復以往,這也是為何羅師傅會在電信公司理直氣壯大發雷霆的原因。又老又盲、社會地位低下的說書人發現在當今這種環境下愈來愈難生存。他們就像是國企的下崗工人,不斷強調自己身為國家文化工作者的頭銜和身份,以爭取工作權利(Lee 1998b)。那些具有創業精神和才華,能把傳統表演融合於單位活動之中的說書人就受到大企業單位招徠,但是他們的表演對象再不是貧困的農村居民。階級政治的消逝,以及在晚期社會主義民間文化生產下出現的創業精神、合作和市場特色,反映了當代中國的社會經濟變遷。然而,民間傳統中與共產黨政府政策、國家政治相關的部分,也一再提醒我們民間文化生產內外不同力量持續相互協商角力的過程。

第五章

巫神信仰：
城鎮化中的「代農村主體性」

2003年9月中，就在我前往延安莫家溝村進行田野調查的兩個月前，方阿姨遭遇了一場嚴重的車禍。當時她正準備上公交車，後面突然有另一輛車衝上來，她被撞到半空中，然後整個人重重摔在才剛鋪好的水泥路面上，頭部先着地，當場昏迷不醒。附近村落的人目睹了意外發生的經過，但大多數人沒時間想太多，大家都忙着趕在冬季來臨前完成農作物收割，因為延安市政府要徵用他們的農田建設黨員幹部學院。事實上，發生在方阿姨身上的意外，不只是農村居民為適應城市公路和繁忙交通的個人不幸遭遇，也預告着一股強大的城鎮化力量，將在接下來十年橫掃延安農村地區。

農村地區城鎮化：消逝的農田和農民身份

方阿姨住院的那七十天，家裏的田地、牲畜無人照料，也沒人做飯，飼養的豬、牛因為餓得受不了，紛紛撞倒籬笆逃跑了。方叔

叔回憶起那段日子，用帶着苦澀的幽默口吻說：「我每天都吃康師傅方便麵。」[1]

11月底方阿姨出院後，方家人很快就恢復了田裏的活計。在我以客人身份住在方家的整個寒冬期間，夫婦倆都沒休息過：他們有無數的農活要忙，後山有好幾畝的杏樹要修剪，剪下來的樹枝要背回家當柴火，要劈數百根玉米桿來作牛飼料，還要從戶外「廁所」挖出結凍的人糞便作為堆肥。後來我發現，比起春夏季真正的下田勞動，冬季的勞動根本不算什麼。2004年夏天，方家人每天日出前起床，晚上9點後才回家。他們忙着在自家的田地裏播種、施肥、灌溉、收割，然後再把新鮮的蔬菜運到延安城銷售，每天要到晚上10點後才能吃晚餐，有時甚至要到11點。

大概在2004年3月，方阿姨開始抱怨背痛，雙手發麻。在她用手揉麵糰、洗衣服時，令人難以忍受的背痛會突然發作。她常常盯着雙手看，試圖追蹤困擾她的疼痛根源。然而，戶籍在農村地區的居民沒有資格使用城市的醫療資源，這種制度上的不平等，清楚解釋了2009年前延安農村盛行的說法：「能死不能病。」[2]幸運的是，因為方阿姨獲得了公交公司的醫藥費補助，所以能在市立醫院看病。

醫生看了X光片後，診斷方阿姨長了骨刺，影響到她背部與手部的神經。他開了止痛藥，建議她連續10週每週做一次理療，同時

---

[1] 農村村民通常每天用新鮮麵團做麵條，方便麵是相對不受歡迎但價格便宜的食品選擇。

[2] 2009年中國政府開始採用農村合作醫療制度後，情況有所改善，村民只需要負擔小額費用，就能去城市裏的醫院看病、拿藥和住院等。

建議：「少勞動。」方阿姨一直等我們踏出了醫院只剩我們倆時才回應：「我是受苦人，怎麼少勞動？」

　　方阿姨從沒想過她賴以維生並一直引以為傲的農民身份——「受苦人」，竟也有快速消逝的一天。「受苦人」是陝北方言用語，指那些以耕種維生的農民。每當被問及以何維生時，方阿姨總會驕傲地說自己是「受苦的」。但方阿姨和方大叔很快就不用「受苦」了，「沒有農活」很快就會變成莫家溝村的常態（圖5.1）。當然，方阿姨當時還沒想到這些。事實上，她吃完止痛藥沒多久，就決定帶我一起去找附近一個頗有名氣的通靈人，試圖用另外一種方法減輕痛楚。

　　本章試圖參與到關於中國民間信仰的相關討論中，也回應在人類學研究領域中關於神明附身的種種討論。我將特別聚焦於延安的巫神信仰現象，將這項重要的鄉村地下儀式與農村地區整體的城鎮化變遷連結在一起。這裏的「巫神」指的是一種民間信仰儀式，信眾向被神明附身的通靈人（馬童或者神婆）求助，獲得治療或占卜。這種儀式通常在私人窯洞內進行。延安地區巫神信仰的形式和具體操作多種多樣，雖然有些信眾會為了附身顯靈的神明而興建廟宇，但巫神信仰大多與寺廟無關。巫神是非正式的教派，既非合法，也不非法，在延安各個農村角落湧現，吸引了為數眾多的信眾。

　　在本章中，我將延安的巫神信仰視為一種民間話語的形式，在農村地區急速城鎮化的時代，反映正急劇消逝並日益不穩定的「農民」主體位置。這裏的「農村地區城鎮化」，我指的不僅是村民大量遷移到城市尋找工作和發展機會，也是農村和農田被公路、工業園區和建有大型購物商場的城鎮所迅速取代的過程。在這個過程中，

圖5.1　村民在農田上打井，希望農田被政府徵用時可以獲得更多的補償款。

地方政府常以各種發展項目之名從村民手中挪用農田，但政府徵收時只需要提供微薄的補償，就能和外來投資者一起攫取土地交易的大筆利潤（Lora-Wainwright 2012）。雖然莫家溝村的農地是用來建設面積廣闊的黨校（圖5.2），村民對於挪用土地的政策和賠償的金額也沒有任何建議和討價還價之力。

　　在本章中，我沒有將民間信仰當作一種永恆不變的傳統知識和實踐，反而，通過話語的分析，我認為當今的巫神信仰正好建構出一種新的農村話語，使得受城鎮化影響的農村主體，在逐漸遠離農村地區、農業勞動、農田、家庭及社群相關知識和實踐的情況下，

圖5.2　2012年莫家溝農地上新建的中共黨校

再次找到他們的「農村」身份和歸屬感。換句話說，我將巫神信仰視為農村地區城鎮化進程中展示和重演農村社會規範、價值、傾向及慾望的主要場域。我認為，民間信仰已成為民間話語與實踐最重要的場域之一。

　　本章資料分別來自於2004年和2008年我在延安進行的田野調查，我訪談了八位有神明附身經驗的馬童或神婆，其中有些人在儀式過程中看起來更有主動權（Eliade 1964: 4–7, 499–500; Bowie 2000: 190–201），有的則表示自己是被迫附身的（Bourguignon 1991）。我也訪談了50位以上的村民，他們在日常宗教活動中全都曾參與巫神信仰活動。

民間信仰和中國內外的神明附身研究

早期關於中國社會民間信仰的研究主要關注寺廟活動和組織，後來更多分析宗教範疇如何在國家和社會之間調停、斡旋（Grootaers 1952; Yang 1961; Gamble 1963; Jordan 1972; Wolf 1974; Sangren 1987; Siu 1989; Shahar and Weller 1996; Feuchtwang 2001; Overmyer 2003）。但自從「中國社會的宗教信仰」在晚清時期到民國時期再到共產黨執政後成為國家操控的焦點以來，學術研究無可避免地把焦點放在宗教人士、社會和體制如何回應國家或政治威權上（Duara 1988; Dean 1998; Anagnost 1994; Chen 1995; Bruun 1996）。換句話說，現存的學術研究主要檢視了為完成現代化目標的各種國家法治如何破除地方宗教權威、或者以鎮壓手段推動宗教改革，以及各種宗教群體如何持續抗衡國家的管控行為，並如何進行自我改造。「民間信仰作為一種抵抗」的主流論點指出，社群儀式行為的復興代表村民企盼重新發現曾被現代治理所壓制的地方文化和歷史意義。舉例來說，景軍研究甘肅省大川村村民重建孔廟，認為這代表一個富有創造力的社群在其文化認同、歷史感和宗教信仰受到打擊後重建生活，並恢復在毛澤東時代被摧毀的集體記憶（Jing 1996, 2000）。丁荷生（Kenneth Dean）在其著作 *The Lord of the Three in One* 中，呈現一幅複雜的圖像，說明地方儀式、神明崇拜，以及這些儀式復興後，宗教如何作為地方抵抗國家霸權話語的工具（1998）。繆格勒（Eric Mueggler 2001）展現雲南農村地區的少數族群保保頗人（彝族的一支）如何將被壓制的附身儀式重塑為一種治療形式，抵抗政府的計劃生育政策和暴力。

杜博斯（Thomas Dubois）的著作（2005）則探討「專業的地方化知識」
（specialized localized knowledge）如何構成宗教儀式，並在中國北方形成
封閉的地方文化範疇。

　　但近來的研究顯示，抵抗論述可能過於簡化現實，這樣的論述
預設了一種無差異的「地方」或「社群」實體，從同質無差別的國家手
中收取權力。新近的研究觀點認為國家和地方層級的社會群體並非
二元對立，且常常互相滲透。舉例而言，康豹（Paul Katz）指出地方
政府如何需要與寺廟組織的領導階層合作，以增加合法性（Katz
2003）；王斯福（Stephan Feuchtwang）與王銘銘認為鄉村級的政治領
導其實經常跟地方的廟會領導相疊相通，難以分隔（Feuchtwang and
Wang 1991）；周越指出陝北民間信仰的復興不僅涉及想像的「農民共
同體」，而且牽涉不少當地精英和政府的利益（Chau 2005: 251），周
越的研究顯示民間信仰形成「農村公共空間」，當地的群體、精英及
政府皆在此範疇內互相競逐權力關係及利益。

　　神明附身作為一種抵抗策略在中國以外也是宗教人類學的熱門
主題，其中劉易斯（I. M Lewis）在其經典著作 *Ecstatic Religion*（2003）
中的解釋最為詳細。劉易斯主張要區分「中心附身信仰」（central
possession religions）以及「邊緣崇拜」（peripheral cult），前者通常由巫師
扮演儀式和政治上的關鍵角色，擔當藉助神明權威來增強信仰、世
俗權力的宗教領袖；然而後者則吸引了社會邊緣人，特別是女性或
失利的男性，加上崇拜的神明或靈體通常不被主流宗教權威所認
可，因此較易於顛覆社會主流典範的道德準則。劉易斯對一群具有
狂熱附身經驗的女性進行了跨文化分析，認為應把「邊緣崇拜」視為

「針對主流權力關係的小抗議」（thinly disguised protest directed against the dominant power relations）（1971: 31）。這個觀點將巫神信仰的出現視為社會系統功能失調的跡象，或邊緣族群在不能得到社會保障時的抵抗策略。

以上的研究都具有啟發性，但卻也掩蓋了許多問題。劉易斯的抵抗論述傾向將邊緣崇拜視為某種壓迫的象徵，且實踐者是落後、非理性又悲慘的社會主體（Lewis 2003: 27），此觀點忽略了地方層級複雜的權力關係，對於某種霸權秩序的存在也常一概而論。「國家與社會整合」的敘述常聚焦於地方政府、精英以及農村社會在舉辦大規模公眾宗教盛會的過程中互相依存的關係，但卻無法完全解釋在私人空間中秘密進行的更為邊緣化的神明崇拜。

真正關鍵的問題是，在巫神活動中，國家政府干預極少，也沒有任何地方經濟和公共道德性的風險，那麼巫神信仰究竟提供了什麼？人們如何理解自身的實踐？邊緣崇拜一定要被解讀成反霸權、抵抗國家壓迫的舉動嗎？這樣的儀式表演說了或做了什麼？通過這樣的實踐，產生了什麼樣的經驗和社會性？

在本章中，我將詳述延安農村地區通靈人展演的兩項儀式──跳神和扶運。我將分析文字、影像、治療力量之間的關係，及其與象徵治療的關係（Firth 1967; Dow 1986）。我不認為馬童或神婆代表着「抗議既成秩序」（Gluckman 1965:109），也不贊同功能分析的觀點，認為信眾利用崇拜儀式以獲得特定的個人或集體的利益。我的論點呼應卡培法勒（Bruce Kapferer）對斯里蘭卡巫術的洞見（1997），以及博迪（Janice Boddy）關於非洲巫神附身的研究（1989），兩者皆認

為巫神現象是更廣泛而複雜的實踐。

我認為巫神信仰在當代延安形構出一種新的民間話語,能在城鎮化背景下重現、重構儀式知識、象徵、民間專業技能,以及一系列儀式實踐的特定體系。同時,我認為這種話語在巫神崇拜的參與者之間,生產出我所謂的「代農村主體性」,此處「代」(surrogate)的定義為「代替,特別是某人在特定的角色上代表另一個人」;「代農村主體性」指的是民間信仰話語所形塑的主體性,代替了之前由日常農活、窰洞住所、農村環境及經驗、語言構成的主體性。作為一種當代農村話語,巫神信仰為日漸消逝的農村社區關係、民間價值及儀式提供了展現和體驗的場合。我不想將信眾預設為社會結構失調後的受害者,而是把巫神信仰看作「在特定社會脈絡下村民為了自身而展開的文化行為」(Boddy 1989)。我將說明巫神信仰的意涵超越了「閾限」(liminality)——讓參與者得以反思的過程(Turner 1967, 1969),我認同巫神信仰的種種作用,能加強社區聯繫、重振人際交流、提供群體身份,但從功能性的角度我不認為崇拜儀式自然而然使信眾重新回到「正常的社會結構」中(Turner 1969; Crapanzano 1977)。

延安農村地區的黑虎神

在延安及陝北其他地區,地方信仰和祭祀儀式存在已久。從民國時期到中共執政後的社會主義時期,政府皆積極廢除地方的許多宗教儀式,民間信仰被批為「社會寄生蟲」或「封建迷信」。1949年

後，外籍傳教士被驅逐出境，異端教派被禁，僅有五大宗教——佛家、道教、伊斯蘭教、天主教及基督教新教——被納入官方國家組織中。但民間信仰依舊在1950年代的政治和平時期生生不息，特別是在中國北方平原，主要是因為遠離中央政府的管控（Freedman 1974）。文化大革命時期，即便國家積極掃蕩迷信的運動僅限於少數城市中心地區，民間信仰及崇拜活動也歷經了十年動盪（Chau 2003）。[3]

到了1980年代鄧小平帶領下的改革時期，民間信仰再次被中國政府重塑，認為其代表了「落後的農民階級，他們的意識遠遠落在朝着社會主義前進的中國歷史發展的後面」。雖然如此，宗教信仰仍隨着經濟發展以及稍稍放鬆的政治管控而蓬勃發展。今天，中國政府認可儒家、佛教、道教，還有各種婚喪嫁娶及祭祖的民間信仰儀式，也容許「家裏祭壇和地方寺廟供奉的神明作為社區身份和凝聚力的源頭，且為傳統社會價值的支柱」（Overmyer 2003: 2）。而「涉及驚人的神明附身表演和儀式」的通靈儀式通常被視為異端，是「通過民間傳說和象徵散播的異類信仰、神話和價值」（Shahar and Weller 1996: 1）。[4]這些儀式借用被國家認可的傳統裏的神明之名，逐漸發展茁壯，但實踐方式卻十分不同。不像是媽祖崇拜或者道教這樣比

<hr>

[3]　所有宗教場所在文化大革命期間皆被關閉，許多寺廟建築遭到破壞，神像及宗教文物受到毀損，宗教典籍則被焚毀。然而，仍有人以保存文物或文化遺產之名，冒着風險搶救典籍、神像和建築（Lang 1998）。

[4]　詳見Mayfair Yang（2008）對歷史與跨語際建構出的中國現代宗教和迷信之間差異的精彩討論。

較主流的宗教復興，地方政府會涉入其中；巫神信仰則勉強依附着半合法的「灰色」宗教經濟而存在，有時甚至屬於非法的「黑色宗教市場」(Yang 2006)。[5] 現今延安當地人若說相信「神神」——當地方言裏對大小神明的泛稱，即表示他們參與了一系列非法、但廣泛實踐的信仰活動。[6]

方阿姨剛吃完醫生開的止痛藥，便帶我到延安市南邊的賀家灣鄉去看神神。我們踏進一間沒有任何標示的石窯洞，窯洞前有個寬敞的大院子，坐在門口的女人馬上認出方阿姨，並讓我們穿過門簾；門簾後是現代化的明亮房間，牆面掛着許多酒紅色的旗子，上頭寫着：「感謝神恩」、「觀音再世」、「救命恩人」。方阿姨帶着我快速通過另一扇門，抵達另一個更大的房間。

一進來我就愣住了，房內至少擠滿了40人。我們穿越重重人群，成功擠到一個大炕附近，馬童正坐在6呎寬、10呎長的炕上診斷病人；他盤起腿坐在炕上，病人坐在他對面。他詢問病人的生辰

5　　呼應本書第三章中，楊鳳崗 (Yang 2006) 提出的三色市場理論，呈現社會主義及後社會主義中國轉變中的宗教概況：紅色市場 (官方認可的宗教)、黑色市場 (官方禁止的宗教) 與灰色市場 (介於合法和非法之間模糊地帶、被允許存在的宗教)。他認為政府對於民間信仰和附身儀式的打壓未徹底消滅宗教信仰，反而形成活力蓬勃的三方市場，尤其是龐大灰色市場的崛起。

6　　中國政府明確規定僅有「正常」的宗教活動受到保障。1996年，中國共產黨和國務院加強對於建設寺廟和戶外佛像的管控；1999年，法輪功被認定為「邪教」且遭到禁止，核心領袖皆被捕入獄；隔年中國政府制定許多法令和行政命令打擊所謂邪教，甚至加強對氣功 (一種意圖保健、養身、祛病的身心訓練方法) 團體的掌控 (Yang 2006: 100–101)。

八字、從哪裏來、有什麼問題，病人說自己運氣很差，想知道原因，他靜默不語好一陣子，接着開始喃喃自語，手指轉動起來。

突然間，馬童從炕上站起身來，手持兩把刀，口中發出奇怪的腔調，唸唸有詞，接着面朝大家激動地跳起舞來，舞姿奇特。「鏘、鏘、鏘！」馬童拿着兩把大刀互砍，發出尖銳可怕的聲響；他發出低吼，拿刀背用力劈向自己的胸口，同時撞擊兩把刀的刀刃，看起來就像是刀刃切割着他的身體。就在全場為之屏息的時候，他忽然跳下炕來，俯臥在地，靜止不動好一會兒，接着倏地拿刀砍向地面砰砰作響，站在附近的人們全都嚇了一跳。他再度起身，這回改用刀側敲打頭部，鏗鏘聲響，加上他嚴肅的表情、翻白的眼珠，令人目瞪口呆。

「這是在驅邪。把跟着那個男人的髒東西趕走。他是黑虎靈官。」方阿姨對我耳語，嘗試為我解釋眼前這位被附身男子野獸般的動作和他的咆哮聲。

馬童繼續舞動了約兩分鐘，接着回復坐姿，開始開藥方。然而他使用的語言大家完全聽不懂，一名紅衣女子坐在他身旁，快速大聲翻譯他所說的話，並寫下來；一人說着無人能懂的語言，另一人講陝北話，兩人說話語調極快，我根本跟不上，不過我仍聽出了病人被告知要準備幾樣東西 —— 紅線、一些米及其他幾項物品，下次一起帶過來，以徹底驅邪。病人接着轉向門口的另一位婦人領取口述處方 —— 裝在黃色三角藥包內的藥粉。

方阿姨和我排隊等了將近三小時，終於有機會上炕。我才清楚看到馬童的長相，他是個中等身型的中年人，皮膚黝黑，一頭短而

直的灰髮。儘管方才進行好幾個小時的舞蹈和咆哮，他看起來就跟當地一般農民沒什麼兩樣。方阿姨告訴他自己發生了車禍，想知道背痛和雙手麻木跟邪靈是否有關聯。馬童沉思了一下，雙眼翻白，看起來就像沒有眼睛般；不過他佈滿紅色血管的眼球，不時眨了眨，像是神秘的暗示，警告大家別正視注目。他喃喃自語了一會兒，表示方阿姨的問題真的是疾病所致，不是「邪病」。雖然他要方阿姨遵照醫生指示，但還是開了七袋「靈藥」，有些是拿來燒，有些是口服用的，他說這些藥能保護方阿姨的家人未來不遭受任何危險。我們在當天傍晚5點左右離開，付了80塊錢。

回家時我們做的第一件事，就是在進窯洞前先在門口燒了一袋靈藥。方阿姨對於這些程序非常謹慎，也很熟悉。她告訴我要將這些處方編號排好順序，接下來七天，她便虔誠地遵守馬童的指示。晚上，我用燒過的處方，混着米酒及灰燼，幫她刷洗背部。她跟我說十年前黑虎靈官治好她兒子的肝病後，她就成了「信徒」。方阿姨說，祂的法力很靈，信眾來自各行各業，遍佈延安地區內外。

在延安尋找馬童

在延安地區，人們普遍相信靈體的存在，並認為靈體附身會給人帶來疾病。在當地許多法力高強的神明當中，黑虎靈官是負責守衛陝北白雲山入口的主神，白雲山裏供奉上百位道教、佛教及儒教傳統的男女神明。當地傳說這位靈官總是騎着一頭黑虎，能夠減緩疫病，因此被封為當地的治療之神。

我沒有機會訪問被黑虎靈官附身的馬童，因為我跟他住在不同區域，無法打入他的交際圈。但我訪問了莫家溝附近的另外七位馬童，還有相關的病人和鄰居。這些馬童全都經歷危機般的厄運或病痛的啟發，一開始是「主動轉變的意識狀態」的折磨，驅使他們走向隱居生活，接着要求他們成為馬童。如同其他文化中的許多通靈人經歷的那樣，附身的神明最終會成為年輕馬童的守護神，帶領他們走上馬童的道路，也透過許多方式影響他們的生活（Peters 1982: 23）。根據我訪談的馬童所説，附身是靈體進入肉身時引發的狀態，會取代或轉移人類的自我變成另一種感知的存在，是一種「與個人身份的徹底斷裂」（Bourguignon 1991: 12）。但所有的附身都是被引發的狀態，也就是説不可能在儀式情境外事先計劃；馬童也能夠透過某些儀式過程引發或控制附身，如「念咒語」或燒香（Peters 1982; Boddy 1989: 134–144）。

　　延安區居民稱通靈人為「馬童」，因為他們相信神明是騎馬而來、下馬而後附身的。以馬來表示神明從天堂下凡的説法並非陝西獨有，在其他社會中也有這樣的説法（Beattie and Middleton 2004; Debernardi 2006）。

　　有些人可能會將馬童的盛行歸因於中國農村地區平價醫療服務的缺乏，但尋求馬童幫助的延安人認為自己得了「邪病」，是由邪靈帶走三魂七魄而引起的病痛，所以無法通過現代醫學獲得治癒。當地村民對於健康和疾病的定義，近似於 Thomas Csordas 所謂的「三重人」（tripartite person），也就是人由身、心、靈三重所構成；身體病痛、心情抑鬱以及邪靈的負面作用，彼此相關，每個面向都需要不

同的治療體系和治療技術（Csordas 1994: 39）。舉例來說，身體疾病可能導致邪靈入侵，雖然在某些情況下，身體病痛可能是由邪靈所引起的；但不管是什麼情形，成功的治療需要兼顧現代醫學、情緒安撫以及驅邪避凶，這三者彼此關聯。

跳神奇觀：神明的現身與治療

我在延安參與巫神信仰活動的經驗是，他們創造出一種新的社會空間，讓大家不論來自城市或農村、來自哪個社會階級、貧富與否，都能身處其中相互交流，彼此分享自身遭逢厄運的經歷或健康問題。但巫神現象並非促進一種社會平等，更重要的是它促進了民間話語和實踐的迅速發展。

在這樣的空間裏，大家一起觀賞神奇的巫神舞蹈是主要特色之一。黑虎靈官的舞蹈即為一例，當地人將這樣的場合稱為「跳神」。在我親眼目睹之前，已經被人問了好幾次：「你看到跳神時候馬童揮着的三山刀了嗎？特別值得看！」所有我訪問的村民都異口同聲表示一定不能錯過「跳神」。許多人回憶起跳神的畫面如在眼前：「馬童會用一把大刀和重達10斤的鐵棍朝自己身上砍去，但卻毫髮無傷！」有趣的是，當人們提到「跳神」，他們從未用一種驚恐的語氣，而是興奮地描述一切經過。莫家溝村的退休老領導曹大爺，描述觀看跳神的經驗：「她（神婆）裹着小腳，腳又小又尖，但當她墊起腳尖，揮起重重的鐵棍跳起舞來，動作卻比誰都快！」

跳神的確是充滿張力的表演，或説是「戲劇性奇觀」（dramatic

spectacle）（Firth 1967: 202），這種奇觀帶有神奇的治療力量。那天在黑虎靈官馬童的窯洞內，觀眾不僅深受吸引，還排隊站幾個小時一次又一次觀看表演。在整個過程中，我們聽到馬童公式般地重複問病人一連串的問題，唸唸有詞說出靈方；同時，病人一個接一個說出自己遭受的厄運和身體的症狀，每個人都能從頭到尾聽到別人遭遇的問題、得到的建議或治療方法。馬童是集體看病，並透過戲劇性的場景進行治療，跟在診室看醫生的私密空間相反。在某個意義上，巫神治療與公共集體分享、觀看和聆聽有關，透過馬童的反覆述說、咆哮和喃喃自語，並在公眾的見證下，神明的法力才得以彰顯，獲得公開認可。

跳神的奇觀不只是一種娛樂，同時也是Kapferer所說「神明力量的展現，或是神聖力量的模擬存在。通過舞蹈奇觀的媒介，開啟了凡人和神明的相互接觸」（1997:128）。這場舞蹈可視為展現黑虎靈官下凡，事實上也是方阿姨理解的方式──驅趕邪靈。如果真的是神明在跳舞，對觀眾來說也會是一份「禮物」；如此一來，觀眾獲得的不只是來自神明的治療或保護，他們的集體觀看也構成「一種吉祥的凝視」，「一種崇拜的主要表現，讓人類能看見神明，也被神明看見」（Kapferer 1997: 128）。

馬童的舞蹈象徵了黑虎靈官的力量和彰顯，遠遠超過單純的醫學或心理諮詢。在馬童的窯洞內，人人都是觀眾，但每個人擔任觀眾的時間必須夠長久，才能輪到自己問診。在馬童的炕上，坐着的方阿姨不完全是病人，或者只是一個虛弱、被動、不舒服的人；但是，終於輪到與馬童面對面的人，必須要夠清醒，反應要快，能夠

清楚表達，將自己的問題和經驗轉變成語言，在眾人面前說出來。以方阿姨來說，她必須接受車禍這種厄運，並把車禍跟背痛連結起來。而對許多人來說，在眾人面前講話不是件容易的事；有些人突然崩潰無法繼續說下去，有些人說得不夠詳細，馬童必須問更多問題，才能拼湊出事件的全貌。有些顧慮簡單明確，有些則可能非常複雜，涉及家族史和其他種種因素。不過，當病人開始開口敘述自己的經驗、行為和生活狀態時，是他們人生的關鍵時刻，因為他們開始反思和與人互動。

卡培法勒研究斯里蘭卡巫術儀式 (Suniyama) 時，認為人類在宗教儀式中其實是宇宙的中心，而不只是一種求神拜佛的可憐人。在巫神的儀式裏，信奉者的身體能效 (embodied potency)「是通過行動過程而形成的，也組成進一步的反思和意識」(1997: 157)。同樣地，我認為方阿姨與馬童的對話正是她進行自我反思的關鍵時刻。與馬童對談時，她置身成為更為廣闊的的農村社會、城鎮化等問題的焦點；她對車禍的理解並不只是客觀的描述，而是積極地加入對自己不幸遭遇的主觀感受，有意識地將其與靈異事件或更大的力量連結起來。如果說話是開始意識構建的行為 (Kapferer 1997: 158)，方阿姨和馬童的對話就是意識構建的行為；這個過程幫助方阿姨重新聚焦在她的現實生活中，講述圍繞着她的內在、外在力量，強化她的主動性以控制車禍事件對身體的影響。

方阿姨可能看見了黑虎靈官，直接與其對話，見證了其強大的力量，但這些行為和由此而形成的意識，若沒有接下來的儀式實踐就失去意義了。所有象徵意義和力量必須有身體參與其中，身體「同

時是實踐的工具和場域」(Kapferer 1997: 177)。信徒就是通過重複觀看神明附身的儀式，研究處方細節，將不同的藥粉正確地混合在一起，並在一天當中恰當的時刻塗抹於身體之上——神明的法力才能彰顯，成為現實。信仰本身當然重要，但「身體等同信仰」(the body as belief)才是真正的關鍵。藉由身體這個實踐的場所，「儀式的技術」——重複的祭祀儀式，對細節、精確性和傳統的執着——將信仰變成用身體體驗的動態過程(Kapferer 1997: 178)。

簡而言之，在延安的巫神現象中，重要的不只是馬童的舞蹈儀式和言語行為(speech acts)，病人回想自己的遭遇以及看完馬童回家後的舉動，也是信仰內涵及崇拜經驗不可或缺的部分。接下來，我將特別探討莫家溝村的巫神現象，在快速變遷的農村社區中如何構建新的社群及他們的日常交際。

農曆正月初八的扶運儀式

2004年的農曆新年期間，在外地工作的兒女都回家過年，方家人暫時得以團聚。在西安當護士的二女兒、在榆林縣讀書的獨子以及在山西省讀書的小女兒都回來了；同在深圳工作的大女兒和三女兒因為交通費用太貴而沒有回家。子女回來以後，方氏夫婦更加忙碌，做了很多好吃的，我們大多時候都待在家看電視。我以為村裏會有慶祝新年的各種儀式，結果什麼也沒有，唯一的活動是農曆正月十五那天市政府在市中心舉辦的大型新年遊行；但在那之前，村裏幾乎沒有任何節慶的氛圍。

正月初八就像前幾天一樣平靜，午飯後方家全家人舒舒服服地坐在電視機前，我則外出拜訪另一位村民老莫，他和家人也都待在家裏，跟村裏其他人一樣閒着沒事。我們聊了他長女在南方工廠工作和前途等種種問題。天色已暗，我站起來要離開時，老莫卻說：「留下來吧，今晚有事。」

一小時後，老莫帶着我走向山腰，我們來到他哥哥大莫家的窯洞，接下來的45分鐘大概是我這輩子經歷過的最詭異的時刻了。窯洞內坐了四個人，圍着一小堆炭火，天花板上掛着一盞昏暗的燈，在每個人臉上畫出陰影，形成詭譎的氛圍。大家圍着火爐卻沒有說話，只有大莫嫂邊掃地，邊將碎紙丟進火堆裏。火焰燃起到紙碎就一下子加大，大家就往後避開，火焰縮小了，我們又往炭爐子擠近。大家就這樣一退一進，一聲不發等待將近兩小時。除了火炭燃燒的聲音以外，就是大莫嫂那約16歲的智障孫女在我們旁邊，一下開心地大笑，一下又傷心地放聲大哭。

隨着更多人進屋後，緊張詭譎的氣氛逐漸消逝，屋裏全是我每天都會遇到的莫家溝村村民，大多為莫姓人。其中有些女子的臉孔很是陌生，我後來才知道都是莫家溝的女孩，只是嫁到隔壁村莊而已。有些人對我的存在略為驚訝，不過大部份的人都沒有所謂。大概進來10個人後，大莫在桌上設好小小的祭壇——一碗米裏頭插着三柱香，兩旁都插着一面小黃旗，後頭掛着一塊布，寫滿了地方神祇的名字，祭壇下方擺着焚燒用的金屬盆。

同一時間，大莫嫂則爬到炕上，坐在鑲金邊的紅布上頭，雙眼閉着，開始不時打嗝。她打嗝的聲音和速度逐漸轉為咳嗽，持續了

好幾分鐘；隨着咳嗽咳得愈來愈厲害，她的臉頰發紅抽搐，就在我以為她要嘔吐的時候，她的咳嗽減緩了，突然之間，她開始用另一種聲音說起話來。

「你請娘娘來人間。人間門和天上門都打開。娘娘下凡到人間。娘娘保富貴，娘娘保平安。大家要清楚，娘娘保佑每個人。你求什麼事？」

「請娘娘指點。求娘娘給我們去霉運，給我們賜福氣。」坐在她旁邊的男子說。

「你是誰，你幾歲？」娘娘問。

「我叫岳森。」

「你幾歲？」

「44。」

「幾月生？」

「11 月 15 日」

「你呢？」

「我叫李岩。」

「我 27 歲，10 月 23 日生，屬雞。」

「你的財運不錯，我保佑你發財。你要把黃紙燒成灰，埋在樹林裏的草叢下面。我讓你更走運。還得燒掉這截紅線，也埋在下面。」

「我給你趕霉運。我會把災禍、霉運、不幸趕到深山裏、樹叢下。一切都清乾淨。我讓你上新路，你能從北走到南，從東走到西，出門就能遇財神。我賜你好運替霉運，結束以後，你的背就不疼了。」

「我現在請馬來，你拿着黃紙自己轉圈。不僅你有好運，你出門撞財神。你在家出門都舒服，四季都平安。你腳步隨着財神走，我鋪新路走。你6月底、10月中走大運，幸運星一直跟着你。孩子也走運，去哪兒都走運。娘娘保你平安，保你小孩和老人。我招門神來，保佑每個人。看娘娘現在咋保佑你。」

「每個人都保佑了，磕頭燒紙吧。」坐在娘娘身旁的男子指示道。

另外五個人也參與了類似的王母娘娘預言儀式，整個過程大約為兩小時，每個人最後都拿了好幾包靈藥，很像方阿姨在黑虎靈官馬童那邊拿的黃色三角藥袋，離開前大家也都捐了些香火錢。

儀式結束後已經快要10點了，我連忙跑回在山頂的方家，怕他們擔心我的下落。到方家時發現有個陌生人正要離開，方阿姨告訴我那是為全家人祈福求平安的馬童，而我剛錯過了在家裏舉行的扶運儀式！

延安巫神崇拜的祭祀、治癒和人際連結

王母娘娘，也被稱為西王母，是中國古代的女神，最早被記載在《山海經》中，描述其為「豹尾虎齒」，極為兇猛；後來在道家傳統中化身為掌管生命、長生不老之神（Cahill 1993）。在中國民間信仰中，西王母能賦予凡人財富、長壽及永生，信眾拜她主要尋求治療和預言，而莫家溝村人則在新年期間向她求扶運。

扶運儀式讓人們許下成功、好運、富裕以及健康等願望，通常於農曆正月初八舉行。延安當地人選擇這一天祭拜他們信仰的神

明。有些人會到延安市清涼山上國家修復後的道教廟宇去求平安富貴；[7] 有些莫家溝的村民在當天則選擇祭拜自己地方的神明——西王母，大莫嫂就是神婆，在激烈的打嗝和咳嗽後，她在家中進入了「意識轉換狀態」（Bourguignon 1991），接着村民收到她賜予的「口頭禮物」（預言）（Csordas 1994: 47）。莫家溝的村民在扶運過程獲得財富與智慧的預言，也集體經歷了西王母顯靈的過程，目睹她通過神婆的言語行為，從天上降臨凡間。

延安的巫神現象顯示了影像和觀念之間的強力關係，在黑虎靈官和西王母的預言中，法力和治癒通過語言和影像運作，黑虎神通過馬童的舞蹈、打鬥和咆哮顯示其能力，而西王母通過神婆唸咒傳達她的力量。

這兩位皆使用公式化的古老儀式語言，常人都無法理解。前述西王母的預言摘錄由莫家溝村一位本地學生紀錄謄寫而成，但他也僅能寫下一小部分；即便是黑虎靈官的馬童也需要一名翻譯在現場，告訴信徒藥方是什麼。但如同瑪麗蓮·伊維（Marilyn Ivy）所言，儀式展演能夠達到預期效果的並非通靈人的咒文內容，而是無人理解的敘述形式。伊維研究日本恐山降靈儀式（kuchiyose）中的具備治療能力的通靈人（itako），認為其無人理解的吟誦不僅使人們信服，也因此具有「法力」。他們的喃喃自語和吟誦形成一種「能指和所指之間的分離」作用，使語言不受到任何束縛，而凸顯吟誦本身為純粹

---

7   中國政府分別在1956年和1960年對延安市太和山上的道觀進行修復，表明政府對於道教的態度不同於其他教派（Chau 2003: 42）。

的發聲，與意義分離開來（Ivy 1995: 169–178）。語言的形式而非內容，迫使信仰產生。查德斯（Thomas Csordas）從另一個觀點切入，用「口説異語」（glossolalia）一詞形容治療師的語言，當他們「敞開自己讓神明顯靈，在治療過程放下自我掌控、全然交由神聖力量進行的時候」（Csordas 1994: 46），通靈人無人理解的語言讓病人能完全沉浸且淹沒在神聖力量之中。

扶運儀式召喚出非常清楚的影像：信眾的厄運被驅除，深埋於樹林裏，好運則藉由日常行走而顯現。儀式不僅透過語言，也透過物品而運作。信眾焚燒黃紙和紅線近似於卡培法勒所説的「意識的物件化」（objectification of consciousness）（Kapferer 1997: 161–163），這些儀式物品首先象徵信眾，接着在信眾頭上旋轉的動作──彷彿吸收什麼髒東西一樣，轉為象徵厄運；之後通過焚燒的動作，代表厄運已被驅除。代表好運的影像清楚透過以下方式再現：當地方位（東南西北）、馬路、窰洞門口、日常出門及回家的行走，以及活財神的形象。儀式物品如黑虎靈官的三山刀、黃色的三角藥袋全都被賦予神力，通過馬童的語言，它們就「如咒文般」讓儀式充滿法力和效用（Mauss 1972: 77–78）。

這些儀式物品、言語行為、焚燒黃紙、磕頭及相關影像一起產生作用，將信眾置於更寬廣、天人合一的儀式之中，使其能夠找到方向再度掌控自身行為。燒紙的儀式讓他們知道邪靈遭到驅除，能夠再度跟人鬼神保持安全的距離以及和諧的關係。

1990年代女性成為神婆的現象

經過一年時間在莫家溝村內外大量訪談信眾與其他人，我發現對王母娘娘的崇拜始於1990年代中期，首先在莫家溝村周遭的村莊出現。有神婆聲稱被娘娘附身，其中有些是寡婦；她們全都遭遇過身體或精神上的極大創傷，因此引發了第一次的附身。在那之後，她們都表示當看到人們受苦時，便有一股為神明「出口」的衝動，要為人消災解難。

1980年代，大莫嫂在罹患嚴重精神疾病後，開始走上神婆這條路。她告訴我早在毛澤東時代她就開始發病，常常需要請病假，當時在人民公社體制下大家都必須參加集體勞動。方叔叔也記得那時她經常怠工。1990年代晚期，大莫嫂作為村裏的神婆逐漸被村民接受，也慢慢吸引了來自四方八面的信眾。

「邊緣崇拜」中的女性，一直都是中國與東亞宗教研究的焦點，很多討論集中於男性和女性通靈人的分工，男性通常出現在較為正式的儀式上，而女性則通常被比較邊緣的神明或家庭守護神附身（Jordan 1972; Kendall 1985; Lee 2010; Young 1994）。我不再深入探討這種分工，但我認為相較於其他神明，大莫嫂能提供更為準確、貼心的建議，因為她跟村子裏的信眾都很熟。莫家溝的村民請教她各式各樣的問題，如不孕不育、疾病纏身、遭逢厄運等。村裏若有任何事發生，她是最佳的諮詢對象，因為她能直接把神明的建議傳遞給憂心忡忡的村民。因此，我贊同艾琳·克萊恩（Erin Cline）近來的研究結論——本地神婆通常為個人提供的建議跟指引都十分實用，

特別是女性生育的相關問題，因為這種親密、充滿關懷又帶有宗教權威的建議，在農村地區非常珍貴（Cline 2010: 548）。

延安農村地區王母娘娘崇拜的興起，恰與農村開始邊緣化的時間點吻合，大批年輕男女開始背井離鄉，離開家鄉的父母與子女。但是九十年代只是人們從農村移居城市以及農村社會變遷的開端，到了2000年代，延安農村裏的每個人開始明白什麼叫做「一切堅固的東西都煙消雲散了」：農民失根，村民遷徙，公路取代了田地，而窯洞建築不見蹤影，樓房拔地而起。2005年政府宣布將莫家溝村納入城市發展規劃後，村民全都獲得一筆土地補償金，根據家裏田地的大小每個人有五萬到八萬塊錢不等；賠償金額在當時看起來相當不錯，事實上那年的菜價每斤才五毛錢。然而，沒過幾年，同樣金額能買到的東西大幅減少，很多村民抱怨失去農田也就失去了生計。當時，住在公路附近的村民開始經營起小店生意，開始賺更多錢，而大部分住處離公路遠的村民則需要另謀生計。

農村裏開始出現新的不平等，留守村民也被迫使用新的、陌生的方式維生。在這樣的背景下，在當前國家主導的城鎮化發展以及農業式微、農村生活逐漸消逝之際，傳統價值及對致富、長壽的渴望才剛剛凸顯。在社會急遽變遷的時期，比起過去，或許更需要像王母娘娘附身這樣的地方神婆，提供心靈和宗教方面的慰藉服務（驅邪、占卜、心靈諮詢）。因此巫神的流行恰恰反映出一種「相對現實」（counter-reality）——它是讓重要的社會價值和文化認同能以不同於日常生活的方式上演、重估及權衡，並開啟其他詮釋的可能（Boddy 1989: 156–157）。

「代農村主體性」的產生

在《性別麻煩》一書中，朱迪斯‧巴特勒 (Judith Butler) 提出，我們所謂的性別的內在本質，事實上是「身體反覆風格化」後的結果，也就是「在高度僵化、規範的框架內不斷重複的演練，製造出看似自然存在的表象」(1999: 43–44)。巴特勒拒絕將女性主體視為女性主義理論和實踐中的一致的、基本的類別，因為這樣的假設容易忽略了促成任何政治認可主體 (politically qualified subject) 出現的特有社會脈絡。她認為任何主體的出現，譬如女性，或者男性，都不是什麼天然而生的性別，而是需要依靠特定的社會文化規範、反覆的操演 (performative reiteration) 才能建構其主體位置。如中國媳婦的某些言行舉止得符合所謂賢良的話語框架，又比如農村的男性如果不結婚生子在鄉里很少會得到認可，他們的陽剛主體也難以建立。這麼一來，性別主體不是與生俱來，而是透過某些社會文化框架才能獲得認可，從而建構自身位 (1995: 36)。

按照巴特勒的邏輯和理論，我想把這種性別主題的生產思維模式推延到理解農村的主體性。我認為巫神現象生產了一種獨特的民間話語，從而在當今城鎮化進程中的農村地區生成我所謂的「代農村主體性」。使用這個概念，我想強調的是，農民主體在今天的延安已經是一個不穩定的類別，農民集體到城市打工，住在城鎮化環境裏，農田消失，農業凋零，新一代農民不再務農，甚至變成上班一族。延安的農民住樓房，窯洞廢棄，有關的建築儀式文化消逝。在這種背景下，巫神現象反而形成某些農村社群情境或社交事件，使新的農村主體得以產生，即使只是替代性的。

這種社群情境或事件成為農村地區社會性的獨特形式。比如說在莫家溝村，沒有人會公開聊到王母娘娘，也沒有任何關於娘娘的活動宣傳；但信眾知道在特定日期要做哪些事：在什麼時間要到哪裏、儀式過程中要怎麼反應。在廟宇搭建期間，信眾會來幫忙，村裏的非信徒則不會過問任何事。自從參與扶運儀式後，我跟村民的關係開始有所轉變。若沒參與儀式，我絕對無法得知許多村民個人、家庭的煩惱和問題。舉例來說，2004年夏天，有位村民中暑後導致輕度中風，嘴巴變的有點歪，於是他請求王母娘娘附身的神婆給他作一場治療儀式。有天我路過他的田地時，他告訴了我這件事，並非因為我發現了任何異常之處，而是因為他想跟同一個圈子的人分享。無獨有偶，我從小費的哥哥那裏得知，小費有天從農用拖拉機上摔下來，也請王母娘娘的附身神婆為他做了招魂儀式。自從我參加了那個扶運儀式後，信眾把我當成了一分子，我從大莫嫂的身上或者其他信眾的口中逐漸得知了很多村民的近況，因此能挨家挨戶拜訪，還可以跟這些村民詳細聊聊。事實上，在王母娘娘的信眾圈裏，大家都比較清楚其他信徒的家庭及健康狀況，還有孩子們的工作和婚姻前景。

巫神的占卜、扶運或招魂的儀式，在信眾之間產生一種親密關係和微妙的互動方式。這有別於周越形容官方組織的大規模廟會活動時所說的「紅火社會性」（red-hot sociality）——高漲的情緒、歡樂的氣氛、嘈雜的聲音，以及擁擠混雜的群眾（Chau 2006: 163–165）。巫神現象帶來的社會性和社會交際很是低調、細緻，有時甚至很神秘。巫神信仰並非公開舉辦，信眾只能被邀請參加，籌辦者必須不時注意有沒有人向政府舉報。因此儀式活動的氛圍很是審慎，絕不

會太熱烈。信眾互相交流的方式很低調小心，但同時也表達出彼此
關心、支持的態度。這種受約束的親密感和謹慎的社會性無疑加強
了儀式的法力神奇效果和信仰虔誠程度，也增進了信眾間緊密的情
誼，同時在變遷中的農村社區，也改變、重構了傳統的宗族血緣
關係。

村民組織是另一項跟巫神有關的社交，信徒除了參與儀式外，
作為信眾之一，也要協助規劃為神明建廟。建廟可能始於神明託夢
給馬童或神婆，他們再動員信眾，也可能是信眾感應到建廟的徵
兆，而工程的規模和之後的維護常常得依馬童或神婆的治癒能力、
信眾的人數與募款能力而定。在規劃廟宇時，信眾會根據農村民間
組織的規矩和慣例，[8]自行分成勞動力、管理人、消息傳遞人等。這
個分工過程不僅跟虔誠與否有關，也得具備請神、祭神的特定文化
技能，以及當馬童或神婆被附身時能與之溝通的能力等。在建造廟
宇的過程中需要很多專業知識和實踐，還有協調信眾及其勞動力的
社交技巧；除了集體組織的層面外，整個過程也包括個人對跳神的
了解和欣賞，對神明顯現的感知，以及對他人求神問卜的感同身
受。換句話說，信眾學習、分享相關文化知識和技巧，並傳承對儀
式的認識和理解。因此，參與巫神活動事實上是讓個人重新回歸到
村莊的社交生活之中，互相交流民間儀式知識，並學習如何操作一
系列特定的文化技巧和規範。

---

[8]   周越強調廟會上相關的組織技能、社交技巧及文化知識，在歷史上已
       應用在農村地區許多其他的社會習俗上，包括村民家裏蓋房子或者婚
       喪嫁娶等儀式上（Chau 2006: 144–145）。

產生這種「謹慎社會性」(discreet sociality) 和民間組織的特定脈絡非常關鍵，在現今農村地區城鎮化的背景下，許多人不再住在農村家中，只有少數的年輕村民知道如何種植穀物，會稱呼自己為「受苦人」的更是少數。對那些進城工作的人來說，如方阿姨的兒女，巫神崇拜的場合與空間能提供一年一度但又比較陌生的儀式體驗，以及罕見的社交機會。在這些場合中，進城打拼的年輕人與年長的村民互相交流，談論儀式知識及與農村風景、窰洞建築和當地民間歷史相關的文化信仰。隨着農村環境與鄉土面貌的快速消逝，離鄉的人們不再從事農業勞動，巫神活動形成一種特殊的民間文化時空，從而構建出新的農村主體位置。

因此，巫神信仰的當代話語和實踐提供了主要框架，重組農村的生活經驗和世界觀，動員民間組織、重現群體社會性，並且管理民間宗教儀式和信仰。巫神活動不僅製造也恢復了逐漸被遺忘的民間宗教儀式和價值。在巫神信仰的語境內，人們不再質疑，而是學習以下問題：「什麼才算是厄運？」「在農村裏怎樣才是過好生活？」「怎樣才算神明靈驗？」這些問題對城市人來說可能有點奇怪，但卻是巴特勒所謂的「理解的先決條件」(conditions of intelligibility)，使得村民可以成為在文化上被認可的主體 (Bulter 1993: xi)。「理解的先決條件」即是決定主體和主體性的生產前提的那些規範、信仰和常規，這些規範、常規形成了農村日常生活的一部分，構成村民的世界觀、儀式常識、語言和習俗。

由巫神信仰創造出來的民間文化空間，使我們對於民間信仰復興所生成的農村公共空間的理解更加複雜 (Chau 2006: 9–11)。周越

指出在後毛澤東時代的中國農村中，地方政府和地方群體都積極參與復興民間信仰的活動，以增加收入並確定統治的合法性；他的研究顯示，廟會習俗、公開的民間宗教活動以及逐漸增多的信眾，已建立起農村公共空間；在這個空間內，信眾在其他村民身上找到認同、彼此交流，形成短暫的共同在場（co-presence），也就是所謂的紅火社會性，並且共同產生一種安定感，並將此歸於神明的保佑（Chau 2006: 166–168）。周越對於農村公共空間的想法是深具啓發性，是一大創見，我想是依據九十年代初期陝北農村地區依然以農活為主，且村民身份還是相對穩固而推論的。我的田野調查發現2000年中期後的宗教實踐卻代表這些穩固的生活正在迅速改變：快速消逝的農田、農業衰落、農活和農村生計的消失。今天，很多人已經不再，也不能區分莫家溝和延安市區了。

當代巫神活動在某種意義上也構成了這樣的一種「農村公共空間」，但這農村公共空間曇花一現，迅速消逝，卻就在短暫的敬神招魂扶運過程裏，農民再次確認他們的農村主體性。這裏借用伊維對邊緣化文化實踐的分析，她認為日本的國族文化和認同，不一定是透過那些流行文化所確立，反而是透過那些已經消逝、邊緣、甚至過時的傳統而產生作用（Ivy 1995）。同樣，巫神活動既確認鄉土環境和農村文化已不復存在，又同時一定程度地保存其許多文化意義內涵，使得農村文化總是處於一種即將卻又不完全「消逝」的過程中（vanishing），催生了我所謂的「代農村主體性」──也就是村民處在城市的生活、習慣和實踐中，偶爾觀看壯觀的跳神、占卜年度運勢、在窯洞治療儀式過程中跟其他信眾交流時，所呈現的農村身

份、意識和認同。雖然這樣的代農村主體性為時短暫，仍能讓傳統農村的社群與交際恢復生機。

2011年我再度拜訪莫家溝，昔日的農田上矗立着一座高大的建築物，四周圍繞着花草樹木——那是為了共產黨員政治教育而建的學校。而莫家溝附近的好幾個村莊，也被新蓋的商場、新建的公園、延安大學分校以及其他旅遊景點所取代。方阿姨和方叔叔已經沒了田地，但他們繼續在山頂上的窯洞前的小院子裏種菜，供自家食用，也開始在附近興修紅色旅遊景點的工地上搬磚砌磚，打工換取收入。因為開拖拉機受傷而去招魂的小費，不再下田了。他現在靠着政府徵收土地的賠償金過活，每天跟朋友在家裏打牌，以賭博和小額放貸的利息維生。他們都持續參與巫神信仰活動。

在本章中，我呈現了巫神信仰作為民間傳統的一種主要形式。由於其「迷信」色彩，現代國家改造和知識分子都沒有干預改造它，只是全面禁絕它。這樣，巫神反而保存了一些最為本地化的民間知識、草根價值、民俗再現和邊緣實踐。可今天野火燒不盡的巫神現象不是簡單的傳統延續，或者對政府的反抗，而需要進一步深化詮釋。我認為巫神現象正是在農村環境和社群消逝所投射的「相對現實」，巫神如今成為一種新的民間話語和催生新的農村主體。在城鎮化深遠影響下的村民感受到農村社會變遷所引發的失落感，同時意識到不可能真正尋回曾經的農村生活，他們必須持續重建自己的傳統。

結論

在本書中，我強調當代延安的民間文化復興，其意義由多方參與者及不同的政治、經濟、社會力量和行動相互交織而成。2000年後對延安民俗復興話語及文化實踐的生產和消費，我稱之為「超民俗」，以此來形容今日被大家追捧的「中國民間傳統」和過往被認為是農民文化特有傳統之間的落差。「超民俗」的概念讓我們能檢視被不同政府機構、知識分子、城市、社群力量形塑而成的現今中國傳統，相較於過往大多由地方習俗或國家政治宣傳所決定的傳統，其內容和意義已經大為不同。更重要的是，「超民俗」點出因為農村地區城鎮化進程的加速，而造成各種民間文化再現和實踐的儀式起源或物質基礎已經快速消逝。

晚期社會主義的文化邏輯匯聚了這些政治、經濟、社群力量及關係，同時也使得它們的意義及實踐變得更有彈性，依據不同目的及場合而變化。今天，我們可以在YouTube或電視上看到小程村婦女在傳統窯洞裏表演剪紙，這是地方政府為推廣延安文化旅遊而安

排的節目;同樣地,我們也能在晚上現場欣賞傳統陝北說書表演,因為工作單位在推廣最新被列入非物質文化遺產名單的民間傳統;異鄉遊子返家時大排長龍等着求問巫神未來的姻緣如何,並用智能手機錄下跳神場面,回到大城市的公寓後跟朋友分享問卜結果。在上述每一個場合中,民間傳統的實踐方式成為種種複雜再現的場域──地方政府為發展旅遊挪用當地資源;工作單位基於公關目的推廣民間表演文化復興;當地人為恢復消逝的農村公共空間,重演地方知識和習俗;以及城裏人消費農村價值和生活方式。民間傳統實踐和農村地區之間的關聯,在上述主題中再次逐一被詮釋、反思。

最後,「延安」和「民間文化」被用來指涉中國共產黨挪用民間傳統,推廣農村改革和國家宣傳的歷史範例。如今,共產黨政府不再是地方傳統唯一的詮釋者,這樣的歷史關係也跟着轉變,於是上述兩大關鍵字在晚期社會主義時代的中國,意味各方參與者和多方力量在動員傳統農村文化話語和實踐時,一再彼此競逐的情形。我們可以說,中國傳統的意義和本真性,終究將取決於地方、民間倡議如何與政府、資本挪用協商,以及村民和城市消費者如何共同重塑傳統,而非一成不變、單向權力關係運作的模式。

參考書目

中文參考書目

艾青(1949):〈窗花剪紙:西北剪紙集代序〉,收錄於艾青、江豐編選
　　《西北剪紙集》,頁1–5。上海:晨光出版社。

艾青、江豐編選(1949):《西北剪紙集》。上海:晨光出版社。

艾生(1998):《劉潔瓊剪紙百牛圖》。西安:陝西人民美術出版社。

安塞縣地方志編纂委員會編(1993):《安塞縣志》。西安:陝西人民美術
　　出版社。

安塞縣委員會文史資料研究委員會編(1989):《安塞剪紙藝術》。延安:
　　延安大學印刷廠。

安塞縣文化文物館編(1999):《安塞民間剪紙精品》。西安:陝西人民美
　　術出版社。

安諸保(2002):〈安塞剪紙〉,收錄於忽培元主編《延安文史第五輯》,頁
　　236–238。延安:政協延安市委員會文史資料研究委員會。

曹伯植(2005):《陝北說書概論》。西安:陝西人民出版社。

———(2011):《陝北說書卷》。西安:陝西人民出版社

查建英(2006):《八十年代訪談錄》。北京:三聯書店。

陳桂棣、吳春桃(2004):《中國農民調查》。北京:人民文學出版社。

陳奎德 (1991)：〈文化熱：背景，思潮及兩種傾向〉，收錄於陳奎德主編《中國大陸當代文化變遷》，頁 46–71。台北：桂冠圖書股份有限公司。

陳來 (1989)：〈附錄：思想出路的三動向〉，收錄於甘陽主編《中國當代文化意識》，頁 581–587。香港：三聯書店。

陳履生 (2000)：《新中國美術圖 (1949–1966)》。北京：中國青年出版社。

陳瑞林 (1991)：《中國民間美術與巫文化》。北京：新華出版社。

陳山橋 (1989)：〈安塞人與剪紙藝術〉，收錄於安塞縣委員會文史資料研究委員會編 (1989)《安塞剪紙藝術》。延安：延安大學印刷廠，頁 218–234。

陳永勝 (1992)：〈民間剪紙所包含的生殖崇拜原始內涵初探〉，收錄於陳竟主編《中國民間剪紙藝術研究》，頁 250–252。北京：北京工藝美術出版社。

黨榮華 (1989)：〈安塞新農民文化運動光輝的十年〉，收錄於安塞縣委員會文史資料研究委員會編《安塞剪紙藝術》，頁 5–8。延安：延安大學印刷廠。

丁玲 (1984)：〈序言〉，收錄於延安文藝叢書編委會編《延安文藝叢書》。長沙：湖南文藝出版社。

段景禮 (1999)：《中國農民畫春秋》。北京：中國檔案出版社。

樊俊成 (2001)：〈陝北說書之我見〉，收錄於王毓華、樊俊成、袁福堂主編《韓起祥的道路》，頁 139–146。延安：延安市民俗學會。

樊作剛 (1987)：《農村精神文明建設新探》。北京：農業出版社。

方李莉 (2003)：〈安塞的剪紙與農民畫〉，《文藝研究》2003 年第 3 期，頁 122–130。

H‧費道速科著，鍾愛梵、劉澄志譯 (1993)：〈訪中國民間藝術家韓起祥〉，收錄於王毓華主編《中國曲藝志：陝西卷延安地區分冊》，頁 273–288。延安：延安日報社印刷廠。

馮驥才 (2010)：《鄉土精神》。北京：作家出版社。

馮生剛 (1989)：〈剪紙「三花」〉，收錄於安塞縣委員會文史資料研究委員會編《安塞剪紙藝術》，頁 229–237。延安：延安大學印刷廠。

馮山云（2005）:〈黃河文化與小程民間藝術村〉,收錄於喬曉光主編《關注母親河：中國非物質文化遺產民間剪紙國際學術研討會文集》,頁 326–331。太原：山西人民出版社。

黑建國（1999）:《高鳳蓮西部剪紙作品集》。天津：天津人民美術出版社。

忽培元（2000）:《延安的民俗文化》。延安：延安日報社。

———（2002）《延安文史》第五輯。延安：政協延安市委員會文史資料委員會。

高華（2000）:《紅太陽是怎樣升起的：延安整風運動的來龍去脈》。香港：香港中文大學出版社。

顧浩（2003）:〈沉重的感嘆——安塞民間美術現狀考察〉,收錄於李綿璐主編《有形與無形：中國民間文化藝術論集》,頁 560–564。武漢：湖北美術出版社。

廣州年鑑編委會（2005）:《廣州年鑑》。廣州：廣州年鑑社。

郭于華（2000）《儀式與社會變遷》。北京：社會科學文獻出版社。

———（2003）〈心靈的集體化——陝北驥村農業合作化的女性記憶〉,《中國社會科學》第 4 期,頁 79–92。

韓起祥（1985）:《韓起祥傳統書目選編》。陝西：戶縣印刷廠。

———（1993）:〈沒有共產黨就沒有我韓起祥——談談我的生活創作〉,收錄於王毓華編輯《中國曲藝志：陝西卷延安地區分冊》,頁 288–304。延安：延安日報社。

胡勃（1989）:〈學習民間美術的教學實踐〉。收錄於安塞縣委員會文史資料研究委員會編（1989）《安塞剪紙藝術》,頁 191–200。延安：延安大學印刷廠。

胡孟祥（1989）:《韓起祥評傳》。北京：中國民間文藝出版社。

江豐（1981）:主編《延安剪紙》。北京：人民美術出版社。

蔣介石（2002）:《剿共與西安事變》。台北：國史館。

靳之林（1981）:〈延安地區剪紙概要〉,收錄於江豐主編《延安剪紙》。北京：人民美術出版社。

———（1989）:〈我國民間美術的造型體系〉,收錄於安塞文史資料研

究委員會主編《安塞剪紙藝術》，頁179–190。延安：延安大學印刷
　　廠。

———（2001）：《抓髻娃娃與人類群體的原始觀念》。桂林：廣西師範大
　　學出版社。

———（2002）：《神明之樹與中國民間民俗藝術》。桂林：廣西師範大學
　　出版社。

———（2005）：〈中國民間剪紙的傳承與發展〉，收錄於喬曉光主編《關
　　注母親河：中國非物質文化遺產民間剪紙國際學術研討會文集》。
　　太原：山西人民出版社。頁31–39。

軍事科學院軍事歷史研究所主編（2006）：《中國工農紅軍長征全史》（全
　　5冊）。北京：軍事科學出版社。

李菁（2015）：〈淺談企業文化建設與思想政治教育的結合〉，《東方企業
　　文化》2015年第2期，頁1–2。

李綿璐主編（2003）：《有形與無形：中國民間文化藝術論集》。武漢：湖
　　北美術出版社。

李若冰（1993）：〈為人民說唱一輩子 —— 祝賀韓起祥同志從藝五十五周
　　年〉，收錄於王毓華主編《中國曲藝志：陝西卷延安地區分冊》，頁
　　310–318。延安：延安日報社。

林山（1945）：〈改造說書〉，《解放日報》1945年8月5日。

———（1993）：〈盲藝人韓起祥 —— 介紹一個民間詩人〉，王毓華主編
　　《曲藝志：陝西延安地區分冊》。延安：延安日報社。

劉鳳珍（2003）：《光景日月 —— 高鳳蓮剪紙藝術人生》。長春：時代文
　　藝出版社。

劉潔瓊（2005）：〈感悟生命〉，收錄於喬曉光主編《關注母親河：中國
　　非物質文化遺產民間剪紙國際學術研討會文集》，頁345–346。太
　　原：陝西人民出版社。

劉瓊（2015）：〈現代企業黨建思想政治工作的創新管窺〉，收錄於《東方
　　企業文化》，頁3–4。2015年第2期。

盧杰、董道茲（2004）：《延川縣剪紙大普查》。25000文化傳承中心。

呂勝中（1987）：《中國民間剪紙》。長沙：湖南美術出版社。

———（2003a）：《再見傳統》（第一冊）。北京：三聯書店。

———（2003b）：《再見傳統》（第二冊）。北京：三聯書店。

———（2004a）：《再見傳統》（第三冊）。北京：三聯書店。

———（2004b）：《再見傳統》（第四冊）。北京：三聯書店。

馬傑偉（2006）《酒吧工廠：南中國城市文化研究》。南京：江蘇人民出版社

潘魯生（1992）：〈論中國民俗剪紙〉，收錄於《中國民俗剪紙圖集》。北京：北京工業美術出版社

———（1993）：主編《中國民間美術全集》。濟南：山東教育出版社。

———（1999）：〈中國吉祥剪紙的寓意〉，收錄於潘魯生主編《中國吉祥剪紙圖集》。北京：北京工業美術出版社。

喬曉光（2004）：《活態文化：中國非物質文化遺產初探》。太原：陝西人民出版社。

———（2005）：《關注母親河：中國非物質文化遺產民間剪紙國際學術研討會文集》。太原：山西人民出版社。

———（2006）：《搶救民藝》。濟南：山東美術出版社。

全景延安編委會(2008)：《伏羲故里延川縣》。北京：朝華出版社。

陝西省曲藝志編輯辦公室編(1985)：《韓起祥傳統書目選編》。戶縣：戶縣印刷廠。

宋兆麟（2006）：《圖說中國傳統熏畫與剪紙》。西安：世界圖書出版公司。

孫立平（2004a）：《斷裂：20世紀90年代以來的中國社會》。北京：社會科學文獻出版社。

———（2004b）：《失衡：斷裂社會的運作邏輯》。北京：社會科學文獻出版社。

———（2007）：《守衛底線：轉型社會生活的基礎秩序》。北京：社會科學文獻出版社。

———（2009）：《重建社會：轉型社會的秩序再造》。北京：社會科學文獻出版社。

滕鳳謙（1988）：〈民間剪紙傳統主題紋樣與物候曆法〉，《陝西民間美術研究》卷一。西安：陝西民間美術出版社。

王伯敏（2006）：《中國民間剪紙史》。杭州：中國美術學院出版社。

王廷彥、楊永升（2002）：〈黃龍剪紙〉，收錄於忽培元主編《延安文史》第五輯。延安：政協延安市委員會文史資料委員會。

王毓華（1993）：主編《中國曲藝志：陝西卷延安地區分冊》。延安：延安日報社。

「偉大的長征」編委會（2006）：《偉大的長征》。西安：陝西人民美術出版社。

文史資料研究委員會編（1992）：《延安文史資料》（第六卷）。延安：延安日報社。

溫鐵軍（2005）：《三農問題與世紀反思》。北京：三聯出版社。

延安地區群眾藝術館編（1986）：《延安地區剪紙藝術》。西安：陝西人民美術出版社。

延安年鑑編委會（2005）：《2005年延安年鑑》。延安人民政府組織出版。

延安市地方志編纂委員會編（2000）：《延安地區志》。西安：西安出版社。

嚴慶昭、楊劍坤（2004）：〈尋訪延川盲書匠〉。《文明》2004年第10期，頁136–145。

楊先讓、楊陽（2003）：《黃河十四走：二十世紀八十年代黃河流域民間藝術田野考察報告》。北京：作家出版社。

楊學芹、安琪（1990）：《民間美術概論》。北京：北京工藝美術出版社。

于志民（2004）：《新延安文藝．民間文學卷》。北京：中國青年出版社。

袁福堂、王毓華、樊俊成（2001）：主編《韓起祥的道路》。延安：延安市民俗學會。

云中天（2006）：《永遠的風景：中國民俗文化》。南昌：百花洲文藝出版社

張道一（1980）：《中國民間剪紙》。江蘇：金陵書畫出版社。

張同道（2009）：《靳之林的延安》。北京：文化藝術出版社。

中國曲藝音樂集成編輯委員會（1995）：《中國曲藝音樂集成．陝西卷》。北京：中國ISBN中心出版社。

周路（2005）：《高鳳蓮：黃河畔的剪紙婆姨》。長沙：湖南美術出版社。

英文參考書目

Anagnost, Ann. 1987. "Politics and Magic in Contemporary China." *Modern China*, 13 (1): 40–61.

———. 1993. "The Nationscape: Movement in the Field of Vision." *Positions: East Asia Cultures Critique* 1 (3): 585–606.

———. 1994. "The Politics of Ritual Displacement." In *Asian Visions of Authority: Religion and the Modern States of East and Southeast Asia*, edited by Laurel Kendall, Helen Hardacre, and Charles Keyes, 221–254. Honolulu: University of Hawaii Press.

———. 1997. "Making History Speak." In *National Past Times: Narrative, Representation and Power in Modern China*, 17–44. Durham: Duke University Press.

Andrews, Julia. 1994. *Painters and Politics in the People's Republic of China, 1949–1979*. Berkeley: University of California Press.

Apter, David, and Tony Saich. 1994. *Revolutionary Discourse in Mao's Republic*. Cambridge: Harvard University Press.

Bakhtin, Mikhail. 1993. *Rabelais and His World* [1941], translated by Helene Iswolsky. Bloomington: Indiana University Press.

Barlow, Tani. 1991. "Zhishifenzi (Chinese Intellectuals) and Power." *Dialectical Anthropology* 16 (3–4): 209–232.

Bartholomew, Teresa Tse. 2006. *Hidden Meanings in Chinese Art*. San Francisco: Asian Art Museum of San Francisco.

Basu, B. K. 2003. *Call of Yanan: Story of the Indian Medical Mission to China 1938–43*. Beijing: Foreign Languages Press.

Baudrillard, Jean. 1988. "Simulacra and Simulations." In *Jean Baudrillard: Selected Writings*, edited by Mark Poster, 166–184. Stanford: Stanford University Press.

Beattie, John, and John Middleton. 2004. *Spirit Mediumship and Society in Africa*. London: Routledge.

Benjamin, Walter. 1968. *Illuminations: Essays and Reflections*. New York: Schocken Books.

Bernays, Edward. 1947. "The Engineering of Consent." *Annals of the American Academy of Political and Social Science* 250: 113–120.

Berry, Chris. 1992. "Race": Chinese Film and the Politics of Nationalism. *Cinema Journal* 31 (2): 45–58.

Berstein, Thomas, and Xiaobo Lu. 2003. *Taxation without Representation in Contemporary Rural China*. Cambridge: Cambridge University Press.

Boddy, Janice. 1989. *Wombs and Alien Spirits: Women, Men and the Zar Cult in Northern Sudan*. Madison: University of Wisconsin Press.

Bodman, R. W., and Pin P. Wan. 1991. Introduction and Translators' Foreword. In *Deathsong of the River: A Reader's Guide to the Chinese TV Series Heshang*, written by Xiaokang Su and Luxiang Wang, translated by Pin P. Wan and R. W. Bodman. Ithaca, N.Y.: Cornell University East Asia Program.

Bourdieu, Pierre. 1990. "Appendix: The Kabyle House or the World Reversed." In *The Logic of Practice*. Stanford: Stanford University Press.

Bourguignon, Erika. 1991. *Possession*. Long Grove, Ill.: Waveland Press.

Bowie, Fiona. 2000. *The Anthropology of Religion: An Introduction*. London: Blackwell.

Brady, Anne-Marie. 2008. *Marketing Dictatorship: Propaganda and Thought Work in Contemporary China*. Lanham, Md.: Rowman and Littlefield.

———. 2009. "The Beijing Olympics as a Campaign of Mass Distraction." *China Quarterly* 197:1–24.

———. 2012. *China's Thought Management*, edited by Anne-Marie Brady. Abingdon, Oxon: Routledge.

Bruun, Ole. 1996. "The Fengshui Resurgence in China: Conflicting Cosmologies between State and Peasantry." *China Journal* 36: 47–65.

Bulletin of Concerned Asian Scholars 23(3): 1–31.

Butler, Judith. 1993. *Bodies That Matter: On the Discursive Limits of "Sex."* London: Routledge.

———. 1995. "Contingent Foundations: Feminism and the Question of

'Postmodernism.'" In *Feminist Contestations: A Philosophical Exchange*, edited by Judith Butler, Seyla Benhabib, Drucilla Cornell, and Nancy Fraser, 35–57. London: Routledge.

———. 1999. *Gender Trouble: Feminism and the Subversion of Identity*. London: Routledge.

Cahill, Suzanne. 1993. *Transcendence and Divine Passion: The Queen Mother of the West in Medieval China*. Stanford: Stanford University Press.

Caillois, Roger. 1984. "Mimicry and Legendary Psychasthenia," translated by John Shepley. *October* 31: 17–32.

Chan, Anita. 2001. *China's Worker under Assault: The Exploitation of Labor in a Globalizing Economy*. Armonk, NY: M. E. Sharpe.

Chan, Kam Wing. 1994. *Cities with Invisible Walls*. Hong Kong: Oxford University Press.

Chang-tai, Hung. 1985. *Going to the People: Chinese Intellectuals and Folk Literature 1918–37*. Cambridge: Council on East Asian Studies, Harvard University.

———. 1993. "Reeducating a Blind Storyteller: Han Qixiang and the Chinese Communist Storytelling Campaign." *Modern China* 19 (4): 395–426.

———. 1994. *War and Popular Culture: Resistance in Modern China*. Berkeley: University of California Press.

Chatterjee, Partha. 1993. *Nationalist Thought and the Colonial World: A Derivative Discourse?* Minneapolis: University of Minnesota Press.

Chau, Adam. 2003. "Popular Religion in Shaanbei, North-Central China." *Journal of Chinese Religion* 31: 39–73.

———. 2005. "The Politics of Legitimation and the Revival of Popular Religion in Shaanbei, North-Central China." *Modern China* 31 (2): 236–278.

———. 2006. *Miraculous Response: Doing Popular Religion in Contemporary China*. Stanford: Stanford University Press.

Chen, Nancy. 1995. "Urban Space and the Experience of Qigong." In *Urban Spaces in Contemporary China: The Potential for Autonomy and Community in Post-Mao China*, edited by Richard Kraus, Deborah Davis, Barry Naughton, and Elizabeth J. Perry, 347–361. New York: Cambridge University Press.

Chow, Rey. 1991. *Women and Chinese Modernity: The Politics of Reading between West and East.* Minneapolis: University of Minnesota Press.

Clifford, James, and George Marcus. 1986. "Introduction: Partial Truth." In *Writing Culture: The Poetics and Politics of Ethnography*, edited by James Clifford and George Marcus, 1–27. Berkeley: University of California Press.

Cline, Erin M. 2010. "Female Spirit Mediums and Religious Authority in Contemporary Southeastern China." *Modern China* 36 (5): 520–555.

Comaroff, Jean. 1994. "Epilogue: Defying Disenchantment: Reflections on Ritual, Power and History." In *Asian Visions of Authority: Religion and the Modern States of East and Southeast Asia*, edited by Laurel Kendall, Charles Keyes, and Helen Hardacre, 301–314. Honolulu: University of Hawaii Press.

Comaroff, Jean, and John Comaroff. 2000. "Millennial Capitalism: First Thoughts on a Second Coming." *Public Culture* 12 (2):291–343.

———. 2009. Ethnicity, Inc. Chicago: University of Chicago Press.

Crapanzano, Vincent. 1977. Introduction. In *Case Studies of Spirit Possession*, edited by Vincent Crapanzano and Vivian Garrison, 1–39. New York: John Wiley.

Csordas, Thomas J. 1994. *The Sacred Self: A Cultural Phenomenology of Charismatic Healing.* Berkeley: University of California Press.

Day, Alexander. 2008. "The End of the Peasant? New Rural Reconstruction in China." *Boundary* 2 35 (2): 49–73.

Dean, Kenneth. 1997. "Ritual and Space: Civil Society or Popular Religion?" In *Civil Society in China*, edited by Timothy Brook and B. Michael Frolic, 172–194. New York: M. E. Sharpe.

———. 1998. *Lord of the Three in One: The Spread of a Cult in Southeast China.* Princeton: Princeton University Press.

Debernardi, Jean. 2006. *The Way That Lives in the Heart: Chinese Popular Religion and Spirit Mediums in Penang, Malaysia.* Stanford: Stanford University Press.

Dicks, Bella. 2004. *Culture on Display: The Production of Contemporary Visitability*. Berkshire, England: Open University Press.

Dirlik, Arif. 1978. *Revolution and History: the Origins of Marxist Historiography in China, 1919–1937*. Berkeley: University of California Press.

———. 1996. "The Postcolonial Aura: Third World Criticism in the Age of Global Capitalism." *Critical Inquiry* 20 (2):328–356.

Dirlik, Arif, and Maurice J. Meisner. 1989. *Marxism and the Chinese Experience: Issues in Contemporary Chinese Socialism*. Armonk, N.Y.: M. E Sharpe.

Dow, James. 1986. "Universal Aspects of Symbolic Healing: A Theoretical Synthesis." *American Anthropologist*, New Series 88(1): 56–69.

Duara, Prasenjit. 1988. *Culture, Power, and the State: Rural North China, 1900–1942*. Stanford: Stanford University Press.

———. 1991. "Knowledge and Power in the Discourse of Modernity: The Campaigns against Popular Religion in Early Twentieth-Century China." *Journal of Asian Studies* 50 (1): 67–83.

———. 1995. *Rescuing History from the Nation: Questioning Narratives of Modern China*. Chicago: University of Chicago Press.

———. 1998. "The Regime of Authenticity: Timeless, Gender, and Natural History in Modern China." *History and Theory* 37 (3): 287–308.

Dubois, Thomas David. 2005. *The Sacred Village: Social Change and Religious Life in Rural North China*. Honolulu: University of Hawaii Press.

Dutton, Michael. 1998. *Streetlife China*. Cambridge: Cambridge University Press.

———. 2005. *Policing Chinese Politics: A History*. Durham: Duke University Press.

Eliade, Mirea. 1964. *Shamanism: Archaic Techniques of Ecstasy*, translated by Willard Trask. Princeton: Princeton University Press.

Epstein, Israel. 2003. *I Visit Yenan: Eye Witness Account of the Communist-led Liberated Areas in North-west China*. Beijing: Foreign Languages Press.

Fairbank, John King, and Merle Goldman. 2006. *China: A New History*. Cambridge: Harvard University Press.

Fan, C. Cindy. 2008. *China on the Move: Migration, the State, and the Household.* New York: Routledge.

Felski, Rita. 1995. *The Gender of Modernity.* Massachusetts: Harvard University Press.

Feuchtwang, Stephan. 2000. "Religion as Resistance." In *Chinese Society: Change, Conflict and Resistance*, edited by Elizabeth Perry and Mark Selden, 161–177. London: Routledge.

———. 2001. *Popular Religion in China: The Imperial Metaphor.* Richmond: Curzon Press.

Feuchtwang, Stephan, and Mingming Wang. 1991. "The Politics of Culture or Contest of History: Representation of Chinese Popular Religion." *Dialectical Anthropology* 16 (3–4): 251–272.

Field, Stephen. 1991. "He Shang and the Plateau of Ultrastability." *Bulletin of Concerned Asian Scholars* 23(3): 4–13.

Firth, Raymond. 1967. "Ritual and Drama in Malay Spirit Mediumship." *Comparative Studies in Society and History* 9 (2): 190–207.

Fiske, John, and John Hartley. 1978. *Reading Television.* London: Routledge.

Frazer, James. 1911. *The Golden Bough, Part 1, the Magic Art and the Evolution of Kings.* 3rd Edition. London: Macmillan.

Freedman, Maurice. 1974. "On the Sociology Study of Chinese Religion." In *Religion and Ritual in Chinese Society*, edited by Arthur Wolf, 19–42. Stanford: Stanford University Press.

Gaetano, Adrianna, and Tamara Jacka, ed. 2004. *On the Move: Women and Rural-to-Urban Migration in Contemporary China.* New York: Columbia University Press.

Gamble, Sidney. 1954. "Ting Hsien: A North China Rural Community." New York: International Secretariat, Institute of Pacific Relations.

———. 1963. *North China Villages: Social, Political and Economic Activities before 1933.* Berkeley: University of California Press.

Gao, Xiaoxian. 1994. "China's Modernization and Changes in the Social Status of Rural Women." In *Engendering China: Women, Culture, and the State,* edited by Gail Hershatter, Christina K. Gilmartin, Lisa Rofel, and Tyrene White, 80–100. Cambridge: Harvard University Press.

Gluckman, Max. 1965. *Custom and Conflict in Africa*. Glencoe, Ill.: Free Press.

Goodman, David. 2001. "Contending the Popular: Party-state and Culture." Positions 9 (1):245–252.

———, ed. 2004. *China's Campaign to "Open Up the West": National, Provincial and Local Perspectives (The China Quarterly Special Issues)*. Cambridge: Cambridge University Press.

———. 2006. "Shanxi as Translocal Imaginary: Reforming the Local." In *Translocal China: Linkages, Identities and the Reimagining of Space*, edited by Tim Oakes and Louisa Schein, 56–73. London: Routledge imprint of Taylor and Francis.

Greenblatt, Sidney. 1976. *People of Taihang: An Anthology of Family Histories*. New York: International Arts and Sciences Press.

Griffiths, Michael, Malcolm Chapman, and Flemming Christiansen. 2010. "Chinese Consumers: The Romantic Reappraisal." *Ethnography* 11 (3): 331–357.

Grootaers, Willem. 1952. "The Hagiography of the Chinese God Chen-Wu." *Folklore Studies* 11 (2): 139–181.

Guldin, Gregory. 2001. *What's a Peasant to Do? Village Becoming Town in Southern China*. Boulder: Westview Press.

Han, Xiaorong. 2005. *The Chinese Discourses on the Peasant: 1900–1949*. Albany: The State University of New York Press.

Hawley, Meeker. 1971. *Chinese Folk Designs: A Collection of 300 Cut-paper Designs Used for Embroidery Together with 160 Chinese Art Symbols and Their Meanings*. New York: Dover Publication.

Hinton, William. 1966. *Fanshen: A Documentary of Revolution in a Chinese Village*. Berkeley: University of California Press.

Hobsbawm, Eric, and Terence Ranger, ed. 1983. *The Invention of Tradition*. Cambridge: Cambridge University Press.

Hoffman, Lisa. 2010. *Patriotic Professionalism in Urban China: Fostering Talent*. Philadelphia: Temple University Press.

Holm, David. 1991. *Art and Ideology in Revolutionary China*. Oxford: Clarendon Press.

Hu, Angang. 2007. *Economic and Social Transformation in China: Challenges and Opportunities*. New York: Routledge.

Huang, PhilipC. C. 1995. "Rural Class Struggle in the Chinese Revolution: Representational and Objective Realities from the Land Reform to the Cultural Revolution." *Modern China* 21 (1):105–143.

Huang, Ping. 2003. "China: Rural Problems and Uneven Development in Recent Years." In *China Reflected*, edited by Lau Kin Chi and Huang Ping, 12–33. Hong Kong: ARENA.

Hung, Chang-Tai. 1985. *Going to the People: Chinese Intellectuals and Folk Literature, 1918–1937*. Cambridge: Council on East Asian Studies, Harvard University.

———. 1993. "Reeducating a Blind Storyteller: Han Qixiang and the Chinese Communist Storytelling Campaign." *Modern China* 19 (4): 395–426.

———. 1994. *War and Popular Culture: Resistance in Modern China, 1937–1945*. Berkeley: University of California Press.

Ivy, Marilyn. 1995. *Discourses of the Vanishing: Modernity, Phantasm, Japan*. Chicago: University of Chicago Press.

Jameson, Fredric. 1991. *Postmodernism, or, the Cultural Logic of Late Capitalism*. Durham: Duke University Press.

Jing, Jun. 1996. *The Temples of Memories: History, Power and Morality in a Chinese Village*. Stanford: Stanford University Press.

———. 2000. "Environment Protest in Rural China." In *Chinese Society: Change, Conflict and Resistance*, edited by Elizabeth Parry and Mark Selden, 143–160. London: Routledge.

Johnson, Kay Ann. 1983. *Women, the Family and Peasant Revolution in China*. Chicago: Chicago University Press.

Jones, Stephen. 2007. *Ritual and Music of North China*. Hampshire, U.K.: Ashgate Publishing Limited.

———. 2009. *Ritual and Music of North China, Volume 2. Shaanbei*. Surrey, U.K.: Ashgate Publishing Limited.

Jordan, David. 1972. *Gods, Ghosts, and Ancestors: Folk Religion in a Taiwanese Village*. Berkeley: University of California Press.

Kapferer, Bruce. 1997. *The Feast of the Sorcerer: Practices of Consciousness and Power*. Berkeley: University of California Press.

Katz, Paul R. 2003. "Religion and the State in Post-War Taiwan." In *Religion in China Today*, edited by Daniel Overmyer, 89–106. Cambridge: Cambridge University Press.

Kendall, Laurel. 1985. *Shamans, Housewives, and Other Restless Spirits: Women in Korean Ritual Life*. Honolulu: University of Hawaii Press.

Lang, Graeme. 1998. "Religions and Regimes in China." In *Religion in a Changing World*, edited by Madeline Cousineau, 149–158. Westport, Conn.: Praeger.

Lee, Ching-Kwan. 1998a. *Gender and the South China Miracle: Two Worlds of Factory Women*. Berkeley: University of California Press.

———. 1998b. "The Labor Politics of Market Socialism: Collective Inaction and Class Experiences among State Workers in Guangzhou." *Modern China* 4 (1): 3–33.

Lee, Rainey. 2010. "Women in the Chinese Traditions." In *Women and Religious Traditions*, edited by Leona Anderson and Pamela Dickey Young, 107–137. New York: Oxford University Press.

Lewis, I. M. 2003. *Ecstatic Religion: A Study of Shamanism and Spirit Possession*. 3rd Edition. New York: Routledge.

Lin, Chun. 2006. *The Transformation of Chinese Socialism*. Durham: Duke University Press.

Link, Perry, ed. 1983. *Stubborn Weeds: Popular and Controversial Chinese Literature after the Cultural Revolution*. Bloomington: Indiana University Press.

Link, Perry, Richard Madsen, and Paul Pickowicz, ed. 1989. *Unofficial China: Popular Culture and Thought in the People's Republic*. Boulder, Colo.: Westview Press.

Lipset, Saymour Martin. 1959. "Some Social Requisites of Democracy: Economic Development and Political Legitimacy." *American Political*

Science Review 53 (1):69–105.

Liu, Xin. 2000. In *One's Own Shadow: An Ethnographic Account of the Condition of Post-Reform Rural China*. Berkeley: University of California Press.

Lora-Wainwright, Anna. 2012. "Rural China in Ruins: The Rush to Urbanize China's Countryside Is Opening a Moral Battleground." *Anthropology Today* 28(4): 8–13.

Lowenthal, David. 1985. *The Past Is a Foreign Country*. Cambridge: Cambridge University Press.

———. 1998a. "Fabricating Heritage." *History and Memory* 10 (1):31–39.

———. 1998b. *The Heritage Crusade and the Spoils of History*. Cambridge: Cambridge University Press.

Lu, Jie, and Qiu Zhijie. 2002. "Long March: A Walking Visual Exhibition." *Yishu: Journal of Contemporary Art* 1 (3): 55–118.

Lu, Xun (Lu Hsun). 1954. *Selected Stories of Lu Hsun*. Beijing: Foreign Language Press.

Ma, Eric and Hau Ling Helena Cheng. 2005. 'Naked' bodies Experimenting with intimate relations among migrant workers in South China. *International Journal of Cultural Studies* 8 (3): 307–328

MacCannell, Dean. 1973. "Staged Authenticity: Arrangements of Social Space in Tourist Settings." *American Journal of Sociology* 79 (3):589–603.

Mani, Lata. 1987. "Contentious Traditions: The Debate on Sati in Colonial India." *Cultural Critique* 7: 119–156.

Mao, Zedong. 1965. "Talks at the Yenan Forum on Literature and Art." In *Selected Works of Mao Tse-tung*. Vol. 3, 69–98. Beijing: Foreign Languages Press.

Mauss, Marcel. 1972. *A General Theory of Magic*. London: Routledge and Kegan Paul.

McClintock, Anne. 1995. *Imperial Leather: Race, Gender and Sexuality in the Colonial Contest*. New York: Routledge.

Meisner, Maurice. 1999. *Mao's China and After: A History of the People's Republic*. New York: Free Press.

Meng, Yue. 1993. "Female Images and National Myth." In *Gender Politics in Modern China: Writing and Feminism*, edited by Tani Barlow, 118–136. Durham: Duke University Press.

Mittler, Barbara. 2012. *A Continuous Revolution: Making Sense of Cultural Revolution Culture*. Cambridge: Harvard University Asia Center.

Moodie, Megan. 2008. "Enter Microcredit: A New Culture of Women's Empowerment in Rajasthan?" *American Ethnologist* 35 (3): 454–465.

Morris, Rosalind. 2000. *In the Place of Origins: Modernity and Its Mediums in Northern Thailand*. Durham: Duke University Press.

Mueggler, Eric. 2001. *The Age of Wild Ghost: Memory, Violence and Place in Southwest China*. Berkeley: University of California Press.

Murck, Alfreda, and Wen C. Fong, ed. 1991. *Words and Images: Chinese Poetry, Calligraphy, and Painting*. Princeton: Princeton University Press.

Oakes, Tim. 1998. Tourism and Modernity in China. New York: Routledge.

———. 2006. The Village as Theme Park: Mimesis and Authenticity in Chinese Tourism. In *Translocal China: Linkages, Identities and the Reimagining of Space*, edited by Tim Oakes and Louisa Schein, 166–192. London: Routledge imprint of Taylor and Francis.

Oakes, Tim, and Louisa Schein. 2006. *Translocal China: Linkages, Identities and Re-imagining of Space*. New York: Routledge.

Ong, Aihwa. 1990. "State Versus Islam: Malay Families, Women Bodies and the Body Politic in Malaysia." *American Ethnologist* 17 (2):258–276.

———. 2007. *Neoliberalism as Exception: Mutations in Citizenship and Sovereignty*. Durham: Duke University Press.

Overmyer, Daniel. 2001. "From 'Feudal Superstitions' to 'Popular Belief': New Directions in Mainland Chinese Studies of Chinese Popular Religion." *Cahiers d'Extreme-Asie* 12: 103–126.

———, ed. 2003. *Religion in China Today*. Cambridge: Cambridge University Press.

Perry, Elizabeth. 1985. "Rural Violence in Socialist China." *China Quarterly* 103: 414–440.

Peters, Larry. 1982. "Trance, Initiation and Psychotherapy in Tamang Shamanism." *American Ethnologist* 9 (1): 21–46.

Pred, Allan Richard, and Michael John Watts. 1992. *Reworking Modernity: Capitalisms and Symbolic Discontent*. New Brunswick: Rutgers University Press.

Pun, Ngai. 2005. *Made in China: Subject, Power and Resistance in a Global Workplace*. Durham: Duke University Press.

Rabinow, Paul. 1977. *Reflections on Fieldworks in Morocco*. Berkeley: University of California Press.

Ramo, C. Joshua. 2004. *Beijing Consensus*. Foreign Policy Center.

Rofel, Lisa. 1999. *Other Modernities: Gender Yearnings in China after Socialism*. Berkeley: University of California Press.

Rosaldo, Renato. 1985. "Where Objectivity Lies: The Rhetoric of Anthropology." In *The Rhetoric of the Human Sciences: Language and Argument in Scholarship and Public Affairs*, edited by Allan Megill, John S. Nelson, and Donald N. McCloskey. Madison: University of Wisconsin Press.

Said, Edward. 1978. *Orientalism*. New York: Vintage Books.

Salamone, Frank A. 1997. "Authenticity in Tourism: The San Angel Inns." *Annals of Tourism Research* 24: 305–321.

Sangren, Stephen. 1987. *History and Magical Power in a Chinese Community*. Stanford: Stanford University Press.

Schein, Louisa. 2000. *Minority Rules: The Miao and the Feminine in China's Cultural Politics*. Durham: Duke University Press.

Selden, Mark. 1995. *China in Revolution: The Yenan Way Revisited*. New York: M. E. Sharpe.

Shahar, Meir, and Robert Weller. 1996. "Introduction: Gods and Society in China." In *Unruly Gods: Divinity and Society in China*, edited by Meir Shahar and Robert Weller, 1–36. Honolulu: University of Hawaii Press.

Silver, Ira. 1993. "Marketing Authenticity in Third World Countries." *Annals of Tourism Research* 20: 302–318.

Siu, Helen. 1989. "Recycling Rituals: Politics and Popular Culture in Contemporary Rural China." In *Unofficial China: Popular Culture and Thought in the People's Republic of China*, edited by Richard Madsen, Paul G. Pickowicz, and Perry Link. Boulder, Colo.: Westview Press.

Snow, Edgar. 1968. *Red Star over China: The Classic Account of the Birth of Chinese Communism*. New York: Grove Press.

Solinger, Dorothy. 1999. *Contesting Citizenship in Urban China: Peasant Migrants, the State and the Logic of the Market*. Berkeley: University of California Press.

Spence, Jonathan. 1981. *The Gate of Heavenly Peace: The Chinese and their Revolution (1895-1980)*. New York: The Viking Press.

Su, Xiaokang, and Wang Luxiang. 1991. *Deathsong of the River: A Reader's Guide to the Chinese TV Series Heshang*, translated by Pin P. Wan and R. W. Bodman. Ithaca, N.Y.: Cornell University East Asia Program.

Szonyi, Michael. 1997. "The Illusion of Standardizing the Gods: The Cults of the Five Emperors in Late Imperial China." *Journal of Asian Studies* 56 (1): 113–135.

Tang, Beibei, and Luigi Tomba. 2013. "The Great Divide: Institutionalized Inequality in Market Socialism." In *Unequal China: The Political Economy and Cultural Politics of Inequality*, edited by Wanning Sun and Yingjie Guo, 91–110. New York: Routledge.

Tapp, Nicholas. 2000. "The Consuming or the Consumed? Virtual Hmong in China." *Asia Pacific Journal of Anthropology* 1 (2): 73–101.

Taussig, Michael. 1993. *Mimesis and Alterity: A Particular History of the Senses*. New York: Routledge

———. 1997. *The Magic of the State*. New York: Routledge.

———. 1999. *Defacement: Public Secrecy and the Labor of the Negative*. Stanford: Stanford University Press.

Tsing, Anna. 2004. *An Ethnography of Global Connection*. Princeton: Princeton University Press.

Turner, Victor. 1967. *The Forest of Symbols: Aspect of Ndembu Ritual*. Ithaca: Cornell University Press.

———. 1969. *The Ritual Process: Structure and Anti-Structure*. Harmondsworth: Penguin.

Urry, John. 1990. *The Tourist Gaze: Leisure and Travel in Contemporary Societies*. London: Sage.

Wachs, Iris. 2004. *Magical Shapes: Twentieth Century Chinese Papercuts*. Tel Aviv: Eretz Israel Museum.

Walder, Andrew. 1986. *Communist Neo-traditionalism: Work and Authority in Chinese Industry*. Berkeley: University of California Press.

Wang, Hui. 2003. *China's New Order: Society, Politics, and Economy in Transition*, edited by Theodore Huters. Cambridge: Harvard University Press.

Wang, Jin. 1991. "He Shang and the Paradoxes of Chinese Enlightenment." *Bulletin of Concerned Asian Scholars* 23(3): 23–32.

———. 1996. *High Culture Fever: Politics, Aesthetics and Ideology in Deng's China*. Berkeley: University of California Press.

———. 2001. "Culture as Leisure and Culture as Capital." *Positions: East Asian Cultural Critiques* 9 (1):69–104.

———. 2005. *Locating China: Space, Place, and Popular Culture*. New York: Routledge Studies on China in Transition.

Wang, Ning. 1999. Rethinking Authenticity in Tourism Experience. *Annals of Tourism Research* 26 (2): 349–370.

Wang, Shaoguang, and Angang Hu. 1999. *The Political Economy of Uneven Development: The Case of China*. Armonk, N.Y.: M. E. Sharpe.

Weller, Robert. 1994. "Capitalism, Community and the Rise of Amoral Cults in Taiwan." In *Asian Visions of Authority: Religion and the Modern States of East and Southeast Asia*, edited by Laurel Kendall, Helen Hardacre, and Charles F. Keyes, 141–164. Honolulu: University of Hawaii Press.

Williams, Raymond. 1976. *Keywords: A Vocabulary of Culture and Society*. New York: Oxford University Press.

Wolf, Arthur, ed. 1974. *Religion and Ritual in Chinese Society*. Stanford: Stanford University Press.

Womack, Brantly. 1991. "Review Essay: Transfigured Community: Neo-

Traditionalism and Work Unit Socialism in China." *China Quarterly* 126:313–332.

Wu, Ka-ming. 2007. "Monuments of Grief: Village Politics in Post-Socialist Rural China." *Ethnology* 46 (1):41–56.

Xie, Yu, Qing Lai, and Xiaogang Wu. 2009. "Danwei and Social Inequality in Contemporary Urban China." *Res Social Work* 19: 283–306.

Yan, Hairong. 2003. "Neo-Liberal Governmentality and Neo-Humanism: Organizing Value Flow through Labor Recruitment Agencies." *Cultural Anthropology* 18(4):493–523.

———. 2008. "The Emaciation of the Rural: `No Way Out.'" In *New Masters, New Servants: Migration, Development, and Women Workers in China*, 25–52. Durham: Duke University Press.

Yang, C. K. 1961. *Religion in Chinese Society: A Study of Contemporary Social Function of Religion and Some of Their Historical Factors*. Berkeley: University of California Press.

Yang, Fenggang. 2006. "The Red, Black and Gray Markets of Religion in China." *Sociological Quarterly* 47: 93–122.

Yang, Mayfair, ed. 2008. *Introduction in Chinese Religiosities: Afflictions of Modernity and State Formation*, 1–42. Berkeley: University of California Press.

Young, Katherine. 1994. Introduction. In *Religion and Woman*, edited by Arvind Sharma, 1–38. Albany: State University of New York.

Yuval-Davis, Nira, and Flora Anthias. 1989. *Woman-Nation-State*. London: Macmillan.

Zhang, Daoyi.1999. *The Art of Chinese Paper-Cuts*. Beijing: Foreign Languages Press.

Zhang, Li. 2001. *Strangers in the City: Reconfigurations of Space, Power, and Social Networks within China's Floating Population*. Stanford: Stanford University Press.

———. 2012. "Flexible Postsocialist Assemblages from the Margin." *Positions: East Asia Cultures Critique* 20 (2): 659–667.

Zhang, Li, and Aihwa Ong. 2008. *Privatizing China: Socialism from Afar.* Ithaca: Cornell University Press.

Zheng, Tiantian. 2009. *The Lives of Sex Workers in Post-Socialist China.* Minneapolis: University of Minnesota Press.